끝까지
생각하라

상식과 일상을 깨는 생각의 전환

꿀벌처럼
생각하라

히라카와 가쓰미 지음 | 오시연 옮김

세상일은
생각하기 나름이다

살다 보면, 하는 일마다 죽을 쑤거나 손해를 보거나 진퇴양난에 빠질 때가 있다. 인생을 살면서 누구나 겪는 일로 나도 여러 번 경험했다.

어떤 사람들은 고통스럽거나 실패한 경험은 가능한 빨리 털어버리고 새로운 일을 시작하는 게 좋다고 말한다. 하지만 내 생각은 조금 다르다.

우리가 일을 하다 보면, 열심히 노력했는데도 일이 잘 안 풀리거나 실패할 가능성이 높은 상황에 부딪힐 때가 있다. 그런 순간이 닥치면 많은 사람들이 현실과 타협하거나 하던 것을 멈추고 만다.

예전에 미국에서 회사를 설립한 적이 있는데, 기대했던 성과를 거의 내지 못했다. 그럼에도 불구하고 나는 그 회사를 10년 넘게 경영했다. 하지만 그 회사를 경영했던 것에 대해 후회해 본 적은 없다.

일본으로 돌아와서도 그와 같은 일이 여러 번 있었다. 많은 사람들은 나를 성공한 비즈니스맨으로 알고 있지만 내가 비즈니스에서 성공한 횟수는 손에 꼽을 정도다. 즉 성공한 것보다 실패한 횟수가 훨씬 더 많다. 그리고 벌어들인 돈보다 훨씬 더 많은 빚이 있음을 솔직히 고백한다.

그러나 비즈니스에서 실패를 거듭한 덕분에 진정으로 믿을 수 있는 친구들이 생겼고, 내 경험에 대해 깊이 생각하게 되었으며, 대학원에서 강의도 하고, 책도 출간했으니 나름 성공했다고 말할 수 있지 않을까?

나의 개인적인 이야기를 하자면, 나는 병든 아버지를 보살피기 위해 부모님 댁에 머물면서 밥과 빨래를 하는 것은 물론, 목욕을 시켜 드리는 일도 마다하지 않았다. 그런 날들이 2년 넘게 계속되었다. 결국 아버지는 돌아가셨지만, 나는 나의 책임을 다했다.

나의 삶에서 어렵고 힘든 상태가 계속되었지만 그것은 내게 필요한 경험이었고, 그 경험을 통해서 많은 걸 배웠다.

그렇다! 인생은 '생각하기 나름'이다. 생각 하나만 바꾸면 힘든 경험은 귀중한 시간으로, 참담한 실패는 인생을 풍요롭게 해주는 준비 과정으로 변한다.

그러나 '생각하기 나름'이라고 말하기는 쉽지만, 그렇게 살아가기는 쉽지 않다. 이 책에는 그런 질문에 답하기 위한 내 생각이 담겨 있다. 나는 지금 이 시간에도 거듭된 실패로 괴로워하는 사람들, 그리고 실패를 경험하게 될 젊은이들에게 이제 거꾸로 생각해 보라고 강력하게 권한다.

여러분이 이 책을 읽는다고 해서 비즈니스에 도움이 된다거나 돈을 잘 벌게 된다고 말하지는 않겠다. 나는 고뇌하는 젊은이들과 스스로를 인생의 패배자라고 생각하는 수많은 보통의 사람들을 위해 이 책을 썼다. 왜냐하면 그들의 모습이 나와 닮은꼴이기 때문이다.

인생을 살면서 패자가 되더라도 그 속에서 깨닫는 것이 있다면 그것은 충분히 가치 있는 것이다. 삶 속에서 고뇌하는 사람들에게 이 책이 '세상 모든 일은 생각하기 나름'이라는 생각의 전환을 가져다 주는 것이 나의 목적이다. 즉 상황을 거꾸로 바라보고 거꾸로 생각함으로써 더 새롭고 가치 있는 것을 얻도록 돕는 것이 목적이다. 우리가 거꾸로 생각하면 창의적이고 가치 있는 많은 것들을 볼 수 있을 것이다. 자, 이제 거꾸로 보고 거꾸로 생각하는 새로운 여행을 시작해 보자!

히라카와 가쓰미

Contents

서문 _ 세상일은 생각하기 나름이다 • 4

1 거꾸로 봐야 보이는 세계

흑백논리의 오류	13
기대와 전혀 다른 결과가 나오는 이유	17
직선적 사고를 버려라	21
세상일은 생각대로 되지 않는다	27
답을 찾기 전에 질문을 찾아라	31
생각의 차원 끌어올리기	35
고독 속에서 위안 찾기	39
아무것도 아니면서 중요한 것	43
스스로 생각하기를 멈출 때	47
생각하지 말고 일하라고?	51
배움에 관한 오해	55
잘 모르기 때문에 즐거운 것	59
깊이 생각하기	61
거꾸로 봐야 보이는 세계	67
집단의 사고와 개인의 사고	69
거꾸로 생각한다는 것	73
생각을 단순화하려는 풍조	77

2 거꾸로 봐야 보이는 가치

효율성에 대해 거꾸로 생각하기	83
경제 성장은 환상이다	89
리스크 헤지 사고방식	95
거꾸로 쓴 비즈니스 전략	99
행복에는 가격표가 없다	103
욕망이 만들어 낸 가짜 가치	107
일하는 것과 사는 것	111
장인정신을 만든 시대	115
경제는 만능키가 아니다	121
비즈니스 사고의 한계	125
이 시대에 필요한 생존 전략	129
마초남의 사고방식	135
기존의 패러다임에서 빠져나오기	141

Contents

3. 거꾸로 봐야 보이는 인생

자신의 한계를 안다는 것	149
읽어야 할 책과 읽지 않아도 되는 책	153
거꾸로 생각하게 하는 책	157
밑줄을 칠 수 있는 사람	163
최후까지 현실에 저항할 거점	169
흔들리고 망설이며 멈추어 서라	173
지성의 본질은 고뇌하고 멈춰 서는 것	177
예순 살이 되면 보이는 것	181
선한 사람을 연기하는 사람	185
거짓말도 거꾸로 보면…	191
부모의 삶 거꾸로 들여다보기	195
강한 현실과 약한 현실	201
새로운 공동체 탄생을 기다리며	207
중간 공동체	213
공중목욕탕의 규칙	217
낯선 것들과 공생하려면?	223

WORLD

1
거꾸로 봐야 보이는 세계

직선적 사고를 버리고
거꾸로 생각하라.

흑백논리의 오류

사람들은 자신에게 다가올 미래의 삶이 어떻게 될지 몰라서 늘 불안해한다. 그리고 마음 편히 아무 일 없이 살 수 있기를 바란다. 불안감을 없애는 책까지 출판되는 걸 보면 확실히 그런 것 같다. 하지만 단언컨대, 그런 책은 불안감을 없애는데 전혀 도움이 되지 않는다.

나는 불안하다는 것은 살아 있다는 것과 같은 의미라고 생각한다. 왜냐하면 불안이라는 문제는 죽는 순간 바로 해결되기 때문이다. 죽으면 빚 독촉에 시달린다거나 병에 걸릴까 봐

불안에 떨면서 힘들게 살지 않아도 된다. 당신을 쫓아올 사람도 없고, 밑 빠진 독에 물 붓기 식으로 노력할 필요도 없다.

그것을 알면서도 우리는 생존을 선택했다. 아니, 일단 살아 있음을 받아들였다. 그렇다면 죽음은 답이 아닌것이 분명하다. 아무리 거부해도 인간은 반드시 죽기 마련이고, 인간은 죽음이라는 불치병을 안고 이 세상에 태어난다. 따라서 지금 당장 죽으려고 애쓰지 않아도 죽음은 반드시 우리를 찾아온다.

오히려 나는 이렇게 말하고 싶다. 우리가 살아 있는 이 시간이, 그리고 불안해하는 것이 어떤 의미가 있는지를 생각해야 한다. 또한 '살아 있다는 것'과 어떻게 합의점을 찾을 것인지에 대해서도 생각하고자 한다.

살아 있는 인간은 누구나 고민을 가지고 있다. 고민을 해결해 주는 책이나 성공 비결을 다루는 책이 시중에 넘쳐나는 것은 고민하는 사람이 그만큼 많기 때문일 것이다. 하지만 그런 책에 적혀 있는 법칙은 결코 인생을 풍요롭게 해주지 못한다. 그것들이 효과적으로 보일수록 더 그렇다. 이유는 간단하다. 고민이 없어진다는 건 살아 있지 않다는 것, 즉 죽은 것과 같은 의미이기 때문이다.

따라서 우리는 지금까지와는 다른 식으로 스스로에게 질문해야 한다. '어떻게 하면 고민과 불안에서 도망칠 수 있을까?'가 아니라 '현재의 고민과 불안감을 어떻게 생각하면 좋을까?'라고 말이다.

고민은 저절로 없어지거나 어딘가에서 불쑥 나타나는 것이 아니다. 걱정거리라면 간단하게 없애면 되지만 고민은 우리가 살아 있는 한 계속해서 따라다니는 업보業報 같은 것이다. 죽거나 해탈에 이르지 않는 한 떼려야 뗄 수 없는 고민을 안고 우리는 어떻게 살아야 할까?

간단하다. 거꾸로 생각해 보라. '이것 아니면 저것'이라는 양자택일식의 사고가 문제인 것이다. 고민은 영원히 사라지지 않지만, 그렇다고 고민거리만 있는 세상에 사는 것도 아니다. 즉 고민은 양자택일식의 문제가 아니라, 정도의 문제다. 이처럼 우리는 정도의 문제를 양자택일식의 문제로 착각하여 잘못된 방향으로 문제를 풀려고 한다. 자신을 극단적 사고로 내몰기 전에 어느 정도로 그것을 받아들이고 다룰 것인가하는 '정도'의 시각으로 그것의 의미를 찾아야 한다. 그것이 우리가 문제를 해결하는 방법이다. 이제부터 정도의 문제에 대해 생각해 보자.

기대와
전혀 다른 결과가
나오는 이유

 사람들이 흔히 간과하는 점이 있는데, 그것은 바로 인생은 생각한 대로 되지 않는다는 것이다. 당신의 인생을 되돌아보더라도, 10년 전에는 지금 당신의 모습을 전혀 예상하지 못했을 것이다.

 '인간은 자신의 의지와 다른 것을 실현하는 동물'이다. 어떤 일을 열심히 했다고 해서 반드시 기대했던 결과가 나오는 것은 아니다. 오히려 대부분은 그와 정반대의 결과가 나온다.

 예를 들어, 내가 자식을 둔 부모라고 가정하자. 그러면 내 아이를 다정하고 인간적이며, 공부도 잘하는 사람으로 키우기 위해 노력하고 가르칠 것이다. 그러기 위해서 육아 서적을 읽고, 경험자들에게 물어보기도 하면서 최선을 다했다고 하자. 그런데 아이는 오히려 공부라면 질색을 하고, 남을 배려할 줄 모르는 자기중심적인 사람으로 자랄 수도 있다.

많은 부모들이 자기 생각대로 아이가 자라 주지 않는다고 불평한다. 반면에 부모의 보살핌을 받지 못하거나 어릴 적에 부모를 잃은 아이가 명석하고 인간적인 사람으로 성장하기도 한다.

이런 일들이 비일비재하다. 다시 말해 우리가 어떤 것을 기대하면서 노력해도input 예상한 결과output가 나오지 않는 경우가 너무도 많다. 이것이 바로 우리 인간의 삶이다.

수많은 사람이 이러한 인간의 삶을 분석했는데, 그들 중 철학자 칼 포퍼Karl Raimund Popper는 '재귀성Reflexity'이라는 용어를 사용해서 설명했다. 포퍼는 마르크스주의를 비판할 때도 이 이론을 적용했다.

포퍼는 마르크스주의가 주장하는 역사 발전의 법칙성과 미래 법칙은 과학이라는 가면을 쓰고 있지만, 반증가능성[1]이 없기 때문에 사실은 과학이 아니라고 했다. 우리가 사는 세계는 수많은 변수가 유기적이고 복합적으로 작용하는 복잡계 complex system[2]이므로 원인과 결과가 한 줄로 연결된 것처럼 단순하지 않다는 말이다.

런던정경대학LSE에서 포퍼에게 사사하고 훗날 저명한 투자가가 된 조지 소로스George Soros는 이 세상에 일어나는 일에 자신을 넣어서 계산하면, 자신과 세상의 일들이 서로 영향을 주고받는 복잡기괴한 양상을 띤다고 했다. 투자가인 그는 투자 사례를 통해 그 의미를 설명했다.

---

[1] 반증가능성(falsifiability) : 과학에서 어떤 이론이 좋은 이론인지를 판단할 때 반증가능성이란 것을 이용한다. 반증가능성은 말 그대로 검증하려는 가설이 실험이나 관찰을 통해 반증될 수 있는지를 나타낸다. 칼 포퍼는 과학과 과학이 아닌 것을 반증할 수 '있다', '없다'로 구분할 수 있다고 했다. 경험적으로 반증가능한 것만이 과학이라고 했다. 따라서 그는 역사주의와 마르크스주의는 반증에 대한 가능성을 닫아 놓은 것이기 때문에 과학이 아니라고 보았다. 마찬가지로 프로이트의 정신분석 이론도 설명을 모호하게 함으로써 반증가능성을 차단한 비과학(非科學)으로 보았다.
[2] 작은 사건처럼 보이는 수많은 변수가 유기적·복합적으로 작용하여 큰 영향력을 갖게 되는 체계를 말한다.

예전에 '롱텀 캐피탈 매니지먼트'라는 미국의 대형 헤지펀드가 있었다. 노벨상 수상자가 2명이나 있었던 이 기업은 자사가 세계 최고의 두뇌 집단이라고 자부했다. 하지만 요란하고 자신만만하게 출범한 이 회사는 얼마 가지 않아 파산하고 말았다.

세계 최고의 천재들이 뭉친 투자 회사가 왜 그토록 쉽게 파산했을까? 그들은 어떤 미래를 예상하며 투자했지만 그들이 시장에 미치는 영향, 즉 시장이 그들의 투자에 영향을 받아서 예상과 다르게 움직인다는 것까지는 계산에 넣지 못했다. 그런데 그들이 한 행위 역시 당시의 주가 속에 수렴된 것이다.

이것은 이 세상이 복잡계이기 때문이다. '복잡계complex system'라는 말은 한마디로 다음과 같이 표현할 수 있다.

'세상에서 일어나는 일은 반드시 기대한 것과는 다른 결과로 나타난다.'

이것이 우리가 '거꾸로 생각해야 하는 이유'이다.

직선적 사고를 버려라

 나의 거꾸로 생각하는 방식을 한 가지 더 소개하고 싶다. 흥미롭게도 모든 언어의 이면에는 정반대의 뜻이 담겨 있다는 점이다. '나는 당신을 사랑합니다'라는 말을 예로 들어 생각해보자. '사랑합니다'라는 말의 이면에는 '당신을 전혀 사랑하지 않습니다'라는 정반대의 뜻이 내포되어 있다.

 미국 드라마를 보면 남편이 출근하기 전에 "사랑해!"라고 말하면서 아내에게 키스하는 장면이 종종 나온다. 요즘 젊은 사람들은 서구 문화에 동화되어서 그런 장면을 봐도 아무렇지 않겠지만, 나와 비슷한 연배의 사람들은 조금 이상하게 생각한다. '왜 저렇게 매일같이 사랑한다고 말하는 걸까?'라고 말이다. 실제로 내 윗세대 부모들이 그런 말을 하는 모습을 본 적이 없다.

게다가 미국 사람들은 그렇게 서로 사랑하다가도 얼마 지나지 않아서 이혼하기도 한다. 그럼 그 '사랑해!'라는 말의 의미는 뭐였단 말인가? '사랑해!'라고 말하면서도 마음속으로는 '너 같은 건 정말 싫어!'라고 생각했던 걸까?

일본어에 '싫어 싫어!'라는 표현이 있는데, 사실 이 말에는 좋아한다는 의미가 담겨 있다.

이처럼 말이라는 것은 참 재미있게 구성되어 있다. 직접적인 의미, 즉 언어가 가지고 있는 표면적 의미를 '명시적 의미 denotation'라고 하고 그 뒤에 숨어 있는 의미를 '함축적 의미 connotation'라고 한다. 다시 말해, 언어에는 명시적 의미와 함축적 의미라는 상반된 의미가 함께 담겨 있는 것이다.

19세기 후반에 활동했던 프랑스 시인 샤를 보들레르C. Baudelaire는 인간의 복잡한 내면을 「자신을 벌하는 사람」이라는 시에서 '나는 상처이며 칼이다!'라고 표현했다. 즉 자신을 '양면성을 지닌ambivalent 존재'로 인식했던 것이다.

이것이 바로 내가 하고 싶은 말이다. 언어는 언제나 양면성을 가지고 있다. 그저 여러 가지 의미를 내포하고 있는 게 아니라, 반대되는 의미를 함께 지녔다는 말이다. 언어가 양면성을 지닌 이유는 인간의 존재 자체가 양면적이기 때문이다. 따라서 거꾸로 생각하기 위해서는 항상 인간은 기대한 것과 다른 결과를 도출할 수 있는 존재라는 점, 그리고 인간은 양면적인 존재라는 점을 전제로 생각해야만 한다.

한 가지 예를 들어 보자. 요즘 '글로벌 인재'라는 말이 유행하고 있다. 내 사고방식에 대입해 보면 우리가 글로벌 인재를 양성하려고 할수록 그와 반대로 글로벌하지 않은 인재를 양성할 수도 있다는 말이 된다.

'글로벌 인재'라는 말 속에는 글로벌 인재를 양성하지 않으면 글로벌 경쟁에서 낙오될 것이며, 글로벌 인재를 양성하는 것이 세계적인 추세라는 생각이 깔려 있다. 하지만 그런 생각은 이미 지역적인 사고방식에서 나온 것이다.

세계적으로 통용되는 지성의 소유자라면 '글로벌 인재'라는 말 자체를 쓸 필요가 없다. 예를 들면, 어릴 적부터 영어를 가르치면 글로벌 인재가 될까?

내가 말했듯이 '영어 교육input'과 '영어 교육을 통해서 육성된 인간output'은 일치하지 않는다. 왜냐하면 앞에서 말했던 것처럼, 인간은 예상한 것과 다른 결과를 도출할 수 있는 존재이기 때문이다. 오히려 그와 반대로 극단적인 국수주의자나 영어를 싫어하는 사람들이 배출될 수도 있다. 아니면 영어와 일본어를 둘 다 어중간하게 하는 세미링걸semilingual[3], 즉 어느 쪽이 모국어인지 알 수 없는 모호한 사람들이 늘어날 수도 있다. 잘은 모르겠지만 별로 좋은 결과는 아니다.

그렇기 때문에 국가든 기업이든 미래의 정책을 입안하는 사람들은 이 점을 염두에 두고 제도를 만들어야 한다. 하지만 현실에서는 입력input 단계에서 기대하는 대로 결과output가 나

---

3) 모국어 학습이 제대로 안된 채 제2 언어도 완벽하게 습득하지 못하여 어느 언어도 모국어 수준으로 구사하지 못하는 사람을 말한다.

올 것이라는 직선적 사고로 제도들이 입안되고 있다. 인간의 삶이 복잡계라는 이해가 부족하기 때문이다. '이렇게 하면 반드시 저렇게 된다'는 직선적 사고를 버리고 거꾸로 생각하는 노력이 필요하다.

중요한 것은 답을 아는 게 아니라,
질문을 만드는 것이다.

세상일은 생각대로 되지 않는다

'이렇게 하면 저렇게 될 것'이라고 생각해서 열심히 했는데, 의도했던 것과 다른 결과가 나오는 곳이 바로 우리가 살아가는 세상이다. 이런 현상을 인간의 집단적 행동 원리라고 해도 될지는 모르겠지만, 인간 사회는 직선적으로 나아가지 않는다는 것만은 분명하다. 이 책을 시작할 때, 자기계발 책이나 비즈니스 책이 쓸모없다고 말한 것도 바로 이런 이유 때문이다.

예전에 '상사들은 독하고 모질어야 한다. 그렇지 않으면 부하직원이 상사에게 의존하여 발전하지 못한다.'라고 주장하는 책을 읽은 적이 있다. 하지만 혹독한 질책을 받은 부하직원이 과연 상사의 말을 순순히 따르면서 상사가 기대한 것처럼 발전하게 될까? 그렇게 되기는커녕 어느 날 갑자기 상사를 들이받을 수도 있다. 부하직원들을 꾸짖기만 하는 상사는 오히려 그 팀에서 고립될 수도 있다. 우리 주변만 돌아봐도 그런 상사 때문에 조직력이 약화되어 휘청거리는 일이 왕왕 일어난다.

지금 예로 든 자기계발 책이나 비즈니스 책에서 내세우는 주장은 원인과 결과를 하나의 선으로 이어 놓은 직선적 사고에 근거를 두고 있다. 이러한 직선적 사고는 실제 상황에서 전혀 도움이 되지 않는다. 오히려 독이 될 수 있다.

인간은 평범한 방식으로는 처리할 수 없는 일이라는 걸 알면서도 직선적 사고법에 빠져 자신도 모르게 '이렇게 하면 저렇게 되겠지'라고 안일하게 생각하는 경향이 있다.

왜 그럴까? 이유는 간단하다. 직선적으로 생각하면 단순하고 쉽기 때문이다. 어렵고 복잡한 문제를 쉽게 생각하는 일은 얼핏 좋은 방법처럼 보이지만, 대부분은 황당한 결과를 초래한다.

나는 과학기술의 진보는 인간을 생각하는 행위에서 멀어지게 만든다고 생각한다. 음식을 전자레인지에 넣고 돌리면 따뜻해진다. 따뜻해지지 않고 얼음이 생기면 얼마나 황당하겠는가. 물론 이런 일들이 일어나야 '이렇게 하면 저렇게 된다'고 단순하게 생각하지 않고 좀 더 머리를 굴리겠지만 말이다. 하지만 산업용 기계나 가전제품은 'Yes' 또는 'No'라는 직선적인 결과가 나오도록 만들어진 사물이니, 절대로 다른 결과가 나올 수 없다.

논리적 사고법 중에 '일물일가一物一價'[4]라는 사고법이 있는데, 그런 식으로 생각하지 않으면 논리를 세울 수가 없다. 그런데 앞서 말했듯이, 언어에는 양면적인 의미가 담겨 있다. 즉 일물이가一物二價가 되어버리기 때문에 어떤 의미에서 논리적 사고 자체를 하지 않게 된다.

문명화는 하나를 입력하면 하나의 똑같은 결과가 나온다는 것을 전제로 진행된다. 하지만 문화는 그런 식으로 발전하지

---

4) 품질이 같은 상품에 대해서는 어떤 시장에서든 하나의 가격만 성립한다는 생각.

않는다. 문화는 뭔가 엉뚱한 것을 창출하려는 작가나 예술가의 노력이 모여서 만들어진다. 다시 말해 한쪽에서는 하나의 입력에 대해 기대한 결과가 나오는 세계가 존재하고, 다른 한쪽에서는 다른 엉뚱한 것이 만들어지는 세계가 존재하는 것이다. 즉 두 세계가 공존한다.

이 세상에는 합리적인 해결이 가능한 것과 합리성과는 다른 방식으로 풀어야 하는 문제가 공존한다는 점을 이해해야 한다. 즉 이 세상은 양자택일의 사고로는 답을 찾을 수 없다.

언어의 세계에 명시적 의미와 함축적 의미가 있는 것처럼, 세상일도 양면성이 있다. 하지만 우리는 종종 일물일가적인 단순한 사고를 한다. 그러나 세상은 그렇게 단순하지 않다. 거꾸로 생각하기는 단순하지 않은 세상을 헤쳐 나가기 위한 지혜로운 사고방식이다.

답을 찾기 전에 질문을 찾아라

일본의 사상가 우치다 다쓰루內田 樹가 언젠가 했던 말이다.

"중요한 것은 답을 아는 게 아니라, 질문을 만드는 것이다."

그렇다면 질문을 만드는 것은 무엇일까?

나는 내 책 『이행기적 혼란 - 경제 성장 신화의 종말移行期的 混乱—経済成長神話の終わり』[5]에서 앞으로 수십 년간은 경제 성장이 없을 것이라는 예측을 했다. 이에 대해 가장 많았던 반론은 '그

---

5) 히라카와 가쓰미(平川 克美), 치쿠마쇼보(竹間書房), 2010년

럼, 어떻게 하란 말인가?', '답이 없는 것 아닌가?'라는 비판이었다.

하지만 나는 그런 비판에 대해서 문제의 핵심은 답을 찾는 것이 아니라고 생각했다. 간단한 처방전을 제시할 수도 있지만, 그런 것은 전혀 도움이 되지 않는다는 것을 이미 여러 번 경험했다. 그런 방법은 이 시대의 언어가 잘못되었다는 처방전을 잘못된 그 언어로 작성하는 것과 같은 일이다.

지금 우리에게 필요한 것은 질문 리스트다. 예를 들어 '인구 감소에는 어떤 의미가 있는가?', '누가 성장 전략을 주장하고 있는가?', '최우선적으로 필요한 전략은 무엇인가?', '왜 사람들은 인구 감소를 문제라고 생각하는가?' 등 우리가 생각할 수 있는 최대한 많은 질문 리스트를 만들어야 한다. 그러한 질문 리스트가 바로 문제의 답을 찾을 수 있는 비결이다.

나는 지금 우리가 직면한 상황, 즉 인구 감소나 고령화가 중대한 문제이며, 그 문제에 대한 답을 빨리 찾아야 한다는 생각 자체가 '시대가 낳은 병'이라고 생각하기 때문이다. 다시 말해, 이것을 문제라고 여기는 사고방식 자체를 바꿔야 한다. 거꾸로 한번 생각해 보자. 앞서 말했듯이 '언어가 잘못되고 있다는 문제의 처방전을 잘못된 언어로 작성하는 것'은 문제를 더욱 악화시킬 뿐이다.

따라서 어려운 문제에 직면했을 때 우리가 취할 수 있는 올바른 자세는 그것이 문제로 떠오른 이유를 생각해 보는 것이다. 문제의 답을 찾을 수 있는 적합한 질문을 먼저 해야 답을 얻을 수 있는 것이다.

스스로 생각하기를
절대로 멈추지 마라.

생각의 차원 끌어올리기

지금까지 그 누구도 경험해 보지 못했던 문제를 해결하려고 할 때, 자신의 과거 경험이나 낡은 지식은 도움이 되지 않는다. 경험한적 없는 문제를 해결하기 위해 이미 경험했던 일들을 열심히 더듬어본들 새로운 답이 나올리 없다.

하지만 지금까지 경험했던 일들 중에는 우리가 알아차리지 못한 것도 있다. 그것을 파헤치려면 자신이 서 있는 위치를 바꿔서 거꾸로 바라보아야 한다. 즉 현재 위치에서 벗어나 한 단계 높은 곳에서 매의 눈으로 전체를 바라보면, 곤충의 눈으로는 발견하지 못했던 특이한 변화가 뚜렷하게 보일 때가 있다. 한 차원 거슬러 올라가서 생각한다는 것은, 이를테면 곤충의 시각을 매의 시각으로 전환한다는 의미다.

마르크스는 이러한 사고를 '추상력抽象力'[6]이라 정의했다. 마르크스처럼 뛰어난 추상력을 갖지 못한 평범한 사람도 생각하려고 들면 그런 능력을 발휘할 수 있다. 한 차원 거슬러 올라가서 생각하는 것은 누구나 할 수 있는 일이며, 그렇게 해야 비로소 스스로 생각하려는 의지에 발동이 걸린다.

스스로 생각한다는 것은 다른 사람이 생각하지 않았던 일을 생각하는 게 아니라, 아주 사소한 것이라도 다른 사람이 생각하지 않았던 방식으로 생각하는 것을 말한다.

물론 아무도 생각해 보지 않았던 방식이라고 생각했는데, 알고 보니 누구나 생각했던 평범한 것일 수도 있다. 하지만 그래도 괜찮다. 스스로의 힘으로 생각한 것이니, 그 자리에서 답을

---

[6] 여러 가지 사물이나 개념에서 공통되는 특성이나 속성 따위를 추출하여 파악하는 힘이나 능력.

듣고 외우는 사람보다는 훨씬 높은 차원의 사고를 한 것이다.

나는 대학원에서 강의할 때, 학생들이 스스로 생각하는 능력을 키우도록 하기 위해서 결론을 말하지 않는다. 배운다는 행위는 각자 자신의 결론을 향해 나름의 사고를 쌓아 가는 과정이다. 자신이 만든 재료로 요리해서 최종 결론에 이르는 과정이 중요하지 결론 자체가 중요한 것은 아니다. 인문학에서는 특히 그렇다.

문제에 대한 해답은 다양한 질문들을 통해 얻어지는 다양한 대안들을 찾는 과정 속에 존재한다.

**배움에 대해서 거꾸로 생각하면
그 즐거움과 깊이를 만끽할 수 있다.**

고독 속에서 위안 찾기

글을 쓰는 행위는 생각하는 것이 얼마나 힘든 일인지를 알게 해준다. 생각하는 것은 매우 힘들고 고독한 작업이다. 그러나 생각하는 고통은 나처럼 힘들고 고독한 작업을 하는 인간이 어딘가에 또 있다는 사실을 알게 되는 순간 한결 희석된다.

"자네가 무슨 말을 하는지 잘 알겠네."

"나는 자네를 이해할 수 있어."

누군가 나에게 이런 말을 해준다면 큰 위안이 된다.

나는 부모님을 간병하면서 그러한 사실을 알게 되었다. 일본에서 나와 같은 경험을 하는 사람이 또 있다고 생각하며 큰 위안이 되었기 때문이다. 언젠가 그들을 만나 "그때는 정말 힘들었죠."라며 대화를 나눌 수도 있지 않겠는가.

이처럼 고독한 경험은 사람들을 시간차를 두고 맺어 준다. 다시 말해 보이지 않는 이웃과 공감을 나누게 해준다. 비단 간병만이 아니라, 다른 모든 일에서도 그렇다.

가령 혼자 터벅터벅 돌아다니며 영업을 했지만, 성과가 전혀 없고 지금 하고 있는 일이 보답 받을 길이 없다고 느껴질 때, '단 한 건도 계약 하지 못했는데 하루 종일 발바닥에 불이 나도록 돌아다니는 일에 무슨 의미가 있을까?'라는 생각이 들 때, 거기에도 분명 이유가 있을 거라고 생각하기도 했다. 보답을 받지 못하는 현재에도 의미가 있다고 말이다.

오랫동안 영업 일을 하면서 위에서 예를 든 것처럼, 한 건도 계약을 하지 못하는 날이 수없이 많았다. 그럴 때마다 이런 생각을 하면서 영업을 했다.

'이렇게 돌아다니는 게 대체 무슨 의미가 있는가?'

'힘들기만 할 뿐이야.'

'또 시간을 허투루 써버렸군. 하지만 다리는 튼튼해질지도 몰라.'

늘 이런 식이었다. 다리가 튼튼해질 거라는 의미 부여는 스스로 생각하고 또 생각해서 나온 것이었다. 하지만 부지런히 돌아다녀도 일감을 따오지 못하면 결과적으로는 영업을 하지 않은 것과 같다.

'그래도 40년 후에는 이런 경험이 도움이 되지 않을까?'

나는 막연히 이렇게 스스로를 위로했다. 하지만 내가 발바닥에 불이 날 정도로 힘들게 돌아다니고 있을 때, '다른 사람도 어딘가에서 나처럼 열심히 하고 있지 않을까?'라는 생각이 드는 순간이 있었다. 다른 회사에 다니는 사람과 이야기를 나누다가 그렇게 느끼기도 했고, 어느 책 속의 등장인물에게서 그런 느낌을 받기도 했다. 특히 시로야마 사부로城山三朗[7]의 작품에 나오는 다양한 주인공들로부터 그런 느낌을 강하게 받았다. 책 속 주인공들의 경험을 공유했기 때문이다. 나처럼 아무 성과도 없이 쓸데없는 노력을 하면서 힘들어하는 주인공을 통해서 고독한 체험을 할 수 있었다.

책 속 등장인물들과 경험을 공유하고 나서야 비로소 나는 아무 성과 없이 노력하고 있는 인간이 다른 곳에도 있다는 생각을 하게 되었다. 그러고 나서 나는 쓸데없는 일을 하고 있는 게 아니라는 것을 알았다.

인생은 그런 거다. 다른 어딘가에서 수없이 많은 사람들이 나처럼 힘들어하고 있다는 것을 느낄 때, 큰 위안이 된다.

---

7) 1927년 출생. 히토쓰바시 대학교를 졸업했다. 1957년 『수출(輸出)』로 문학계 신인상을 수상한 후, 본격적인 집필 활동을 시작했다. 1959년 『총회꾼 긴조(総会屋錦城)』로 나오키 상을 수상하였다. 그 후 조직과 그 속에서 살아가는 인간의 문제를 깊이 탐구한 화제작들을 잇달아 발표했으며, 일본 경제소설의 선구자로 손꼽힌다. 그의 작품으로는 『신산(辛酸)』, 『소설 일본은행(小説日本銀行)』, 『타오르는 석양(落日燃ゆ)』, 『황금의 나날(黄金の日日)』 등이 있다.

아무것도 아니면서 중요한 것

영업을 하느라 발이 닳도록 돌아다닐 때, 요령 좋게 빈둥거렸던 사람들을 보게 되면 정말로 분하고 억울했다. 시간이 흐르면서 그런 현실을 있는 그대로 받아들이기로 했다.

'그 사람들은 일이 잘 풀려서 다행이야. 그러면 됐지 뭐.'

그들을 질투하지 않기로 했다. 비록 아무 성과도 없는 일을 계속하고 있지만, 나와 같은 사람이 어딘가에 또 있음을 깨닫는 것은 불공평한 현실보다 더 중요하고 얻기 힘든 경험이었기 때문이다. 일이 잘 풀려서 많은 돈이 내 주머니로 들어오는 경험도 좋지만, 견디기 힘든 고통 속에서 얻는 경험도 더욱 의미 있는 일이 아닐까?

우리는 살아가는 데 있어서 진정 중요한 것이 무엇인지를 알아야 한다. 여기서 '살아가는 데 있어서 중요한 것'이란 내가 좋아하는 구절을 인용해서 표현하자면 목적을 위한 것이 아니면서도 중요한 것, 다시 말해 '아무것도 아닌 것을 위한 어떤 것Something for Nothing'[8]이다.

목적을 위한 것이 아니면서 자신에게 중요한 것을 하며 사는 사람들은 딱히 그룹인적 네트워크을 이루지는 않지만, 자신과 비슷한 처지의 사람들이 있다는 사실을 알고 있다. 자신에게 도움이 되지 않더라도 중요한 그 무엇이 있고, 어딘가에서 그 일을 하는 사람이 있기에 세상을 신뢰할 수 있는 게 아닐까?

번역가 겸 작가 고마자와 도시키駒沢 敏器는 목적을 위한 것이 아니면서도 중요한 것에 관해 무척 인상 깊은 이야기를 했다.

---

8) 고마자와 도시키(駒沢 敏器), 『이야기하기에 충분한, 소소한 인생(語るに足る、ささやかな人生)』 NHK출판, 2005년

여기서 구체적으로 다 쓸 수는 없지만, 그중 일부만 소개한다.

고마자와는 미국 동부와 서부 해안을 여행할 때 소도시만 골라서 방문했다고 한다. 여행 중에 그는 현지인들로부터 여러 이야기를 들었는데, 이야기들 대부분은 목적을 위한 것이 아니면서도 중요한 것을 지키는 사람들에 관한 일화였다.

고마자와는 망가진 도시들은 모두 비슷한 경향을 띤다고 썼다. 예를 들면 많은 도시들이 경제 활성화를 위해 대학을 세우거나 대기업을 유치하는데, 그런 도시는 몇 년이 지나면 대부분 망가진다는 것이다. 여기서 '망가진다'는 표현은 경제적으로 쇠락하거나 범죄가 증가한다는 의미가 아니라, 그곳에 살고 싶도록 만드는 그 무엇이 없는 도시가 된다는 뜻이다.

망가지지 않고 계속해서 사람들을 끌어들이는 매력적인 도시에는 반드시 맛있는 음식점들과 전통적인 방식으로 물건을 만드는 사람들이 있어서 그 나름의 안정적인 경제 활동이 이루어진다고 한다. 실제로 그가 취재한 바에 따르면, 그런 도시에 사는 사람들은 그곳에 살고 싶도록 만드는 그 무엇이 있다는 점을 무척 자랑스러워했다고 한다. 그가 좀 더 효율적이고 편리한 방식이 얼마든지 있지 않느냐고 물었더니, 자신들의 자부심이 그렇게 변화하는 것을 용납하지 않는다고 대답했다고 한다.

고마자와의 이야기는 내가 동네 상점가를 걸어갈 때 받는 느낌과 비슷하다. 목적을 위한 것이 아니면서도 중요한 그 무엇을 지키고자 하는 사람들이 그 마을의 분위기를 만들기 때문이리라.

스스로 생각하기를 멈출 때

나는 스스로 생각하지 않는 행위를 '사고 정지'라고 부른다. 사고 정지는 스스로 생각하는 행위를 멈추고 다른 뭔가에 자신을 맡기는 것이다. 여기서 다른 뭔가는 권위일 수도 있고, 상식일 수도 있다.

계속 뭔가를 생각하는 행위는 무척 괴롭고 힘든 일이기 때문에 나를 비롯한 거의 모든 사람이 사고 정지에 빠진다. 자신을 지키기 위해서 사고 정지를 선택하는 것이리라. 사람들은 어느 지점에서 더 이상 생각하기를 멈추는 것일까?

쉬지 않고 계속 생각할 수 있는 사람은 지극히 드물 것이다. 평생토록 멈추지 않고 생각한 사람을 예로 들자면, 니체 같은 사람이 아닐까 싶다. 사실 생각을 멈추지 않는 것은 반시대적인 행위이다. 그는 끝까지 생각하다가 '니힐리즘nihilism'[9]이라는 지점에 도달했으리라.

물론 니체처럼 계속 생각하는 것은 누구나 할 수 있는 행위가 아니다. 나도 그렇게 하지 못한다. 하지만 가능한 한 사고 정지에 빠지지 않는 삶을 살기 위해 노력할 수는 있다. 판단을 보류하고 잠시 멈추어 서는 정도로 말이다. 앞으로는 이런 행위가 더 중요해질 것이다.

사고 정지는 일종의 자기 의견을 버리는 행위로서 스스로 생각하는 행위를 멈추는 것과 같다. 그럴 경우, 과도하게 사회와 영합하거나 본래 가지고 있는 가능성을 스스로 포기하게 되지는 않을까?

---

[9] 어원은 라틴어의 '무(無)'를 의미하는 '니힐(nihil)'이다. 허무주의를 이르는 말로, 니힐리즘은 아무것도 존재하지 않는다고 주장하는 사상적 태도이다.

스스로 생각하는 행위를 할 때야말로 살아 있다는 것이 어떤 의미가 있는지를 알게 된다. 철학자 파스칼이 말했듯이 살아 있다는 것은 스스로 생각한다는 것이며, 그것을 버리면 노예의 길로 들어서게 된다. 조금 심한 표현이지만 사실이다. 생각을 멈추면 남이 시키는 대로만 하는 인간이 된다. 그런 상태에서는 '진실한 나'를 찾을 수 없다. 스스로 생각하는 자신을 발견하는 것이야말로 자신을 찾는 것이기 때문이다.

어떤 의미에서 보면 회사는 사고 정지를 하는 곳이다. 이윤 추구라는 명확한 목표가 있는 곳이기 때문이다. 회사에서 혼자 끙끙거리면서 생각을 하면 쓸모없는 사람으로 취급받는다. 어쩌면 사고 정지를 할 수 없는 직원은 민폐만 끼치는 존재가 되지 않을까?

그래서 직장 상사는 "너는 시키는 것만 하면 돼!"라고 말한다. 중요한 것은 상사인 자신이 생각하겠다는 의미지만, 상사 역시 사고 정지 상태다. 이러한 현실을 어떻게 봐야 할까? 스스로 생각하기를 절대로 멈추지 말라.

집단적 사고에서 벗어나는 것이
거꾸로 생각하기의 시작이다.

생각하지 말고 일하라고?

조금 돌아서 가보자.

사물을 생각할 때의 태도는 수행적performative 태도와 사실적constative 태도로 나뉜다.

수행적 과제에서는 종종 사고 정지를 무기로 활용한다. 사물의 결과를 되도록 효율적이고 신속하게 만들어 내기 위해서는 사고 정지를 해야 할 경우가 있다. 생각하기 전에 도약하라는 것이다. 한정된 자원 안에서 최대치를 산출하는 것이 회사의 최대 목적이라고 한다면, 그러한 목적 달성을 저해하는 사고는 방해가 될 뿐이다. 즉 사고를 정지하도록 만들지 않으면 최단 거리로 목적을 달성할 수 없는 것이다.

따라서 회사 조직의 가장 바람직한 모습은 군대 조직이라는 생각을 하게 된다. 군대에서 병사는 사령부의 명령에 따라 장기판의 말처럼 움직인다. 이런 조직이 단기적 목적을 달성하는 데는 가장 효율적이다. 그리고 당연히 바람직하다.

다만 그렇게 하려면 한 가지 조건을 고려해야 한다. 인간이 단기적으로는 장기판의 말이 될 수는 있어도 장기적으로는 그 역할을 견디지 못한다는 것이다. 아무리 회사라지만 그곳에서 일하는 주체는 인간이다. 인간이 아무런 의문도 갖지 않고 위에서 내려오는 명령을 무한정 수행하는 행위를 과연 언제까지 참고 견딜 수 있을까? 이 점을 고려하지 않는 조직은 장기적으로 점차 무너질 것이다.

사상가 요시모토 다카아키吉本 隆明[10]는 종전 후 미군이 질경

---

[10] 1924~2012년 일본의 진보주의 철학자이자, 시인. 만화가 하루노 요이코와 소설가 요시모토 바나나의 아버지이기도 하다.

질경 껌을 씹으며 행진하는 모습을 보고 자신이 쓴 책에서 다음과 같이 술회했다.

'우리가 이런 놈들과 싸웠으니, 질 수밖에 없지 않겠는가!'

무척 흥미로운 대목이었다. 일본 병사들은 이를 악물고 필사적으로 임무를 수행했다. 이른바 정신일도하사불성精神—到何事不成이다. 하지만 이런 조직은 시간이 흐를수록 피폐해진다. 오늘날의 일본 기업도 다르지 않다. 지시에 따르지 않고 자기주장만 하는 직원은 그만두면 된다는 식의 태도로 일관한다면 점점 블랙 기업[11]이 늘어날 것이다.

물론 블랙 기업식으로 경영하는 기업도 새로운 인재를 영입할 수 있을 때는 제대로 기능할 수 있다. 그러나 장기적으로 보면 유니클로 같은 기업은 결국 새로운 인재를 충원할 수 없게 될 것이다. '성장이냐 죽음이냐' 같은 슬로건을 내건 상황에서 직원들이 얼마나 견딜 수 있을지, 그리고 이런 기업이 사회

---

11) 명확한 정의는 없으나 열악한 노동 환경 등 노동법을 위반하거나 젊은이의 대량 고용과 대량 퇴직이 반복되는 기업을 말한다. 직원에게 극단적인 복종을 강요하고, 필요 없을 때 자진 퇴사를 유도하기도 한다.

의 신뢰를 유지하면서 언제까지 그런 식으로 경영을 계속할 수 있을지 심히 의문스럽다.

여기서 결론을 말하자면, 수행적인 태도는 단기적으로는 효과가 있다. 기업과 같은 특정 목적을 위해 조직된 공동체에서 자신이 맡은 역할을 일종의 연기로써 수행할 때는 충분히 기능한다. 그러나 기업이 장기적으로 생존하려면 생각하면서 일해야 한다.

배움에 관한 오해

 기업이든 사회든 배움은 장기적인 안목으로 보면 매우 중요한 요소다. 그런데 배움에 관해서 많은 오해가 존재한다.

 예를 들어, 기업 연수와 대학이라는 배움의 장이 있다고 가정할 때 배움의 목적이라는 관점에서 보면 두 곳은 전혀 다른 교육 기관이다. 기업에서 실시하는 연수는 영업, 재무 등 명확한 목표 하에서 업무를 신속 정확하게 수행할 수 있도록 하는 것이 목적이다. 그렇기 때문에 사전에 설정된 목표가 있고, 얼마나 합리적으로 그 목표에 도달할 수 있느냐가 가장 중요하다.

반면에 대학대학원 포함의 배움은 도달할 목표가 미리 정해져 있지 않다. 대학에서 배울 때는 자신이 무엇을 배웠는지 잘 모른다. 대신 자신이 무엇을 모르는지는 알게 된다. 열 가지를 배우면, 그 이상의 모르는 것들이 튀어나온다. 배운다는 건 그런 경험이다.

예를 들어, 책 한 권을 읽는다고 하자. 그러면 그 책 속에서 작가가 또 다른 책의 제목을 언급한다. 책 한 권을 읽더라도 그런 것들을 찾아보지 않으면 충분히 이해할 수가 없다. 작가의 지나온 인생이 책 안에 녹아 있기 때문이다. 따라서 한 권의 책을 읽는 행위에서도 다양한 배움을 경험할 수 있다.

학문이 재미있는 까닭은 자신이 모르는 것을 잇달아 만날 수 있기 때문이다. 이런 경험은 배움을 통해서만 얻을 수 있다.

에도시대에는 조닌문화町人文化[12]가 꽃을 피워 다양한 곳에

---

[12] 17세기 말에서 18세기 초, 막부 정치가 안정되고 전국 각지에 상업이 발달하여 도시에 사는 조닌(상인과 수공업자)들은 소설이나 가부키를 즐겼는데, 이를 '조닌문화'라고 한다.

배움의 장이 생겼다. 쇼카손주쿠松下村塾[13]와 데키주쿠適塾[14], 그 외에도 개인이 세운 학당들이 많이 생겼다. 에도시대 전기에 이토 진자이伊藤仁齋라는 사람이 학당을 열자 수천 명이 몰려들었다고 한다. 무사는 물론이고 상인 가문의 젊은 후계자들도 학당을 찾았다. 그들은 '술, 노름, 여자'라는 3대 도락을 실컷 즐겨 봤지만, 그것보다는 학문이 더 재미있다고 생각했다. 유흥을 즐기는 것보다 학문이 더 재미있음을 깨달은 것이다. 그 후로 진자이의 제자가 다른 학당을 열기도 했다.

학문이 여자보다, 노름보다 재미있다는 것을 깨달으면 그것으로 족하다. 배움의 즐거움과 깊이에 눈을 뜨는 것이 중요하다. 반면에 그 재미를 알게 되는 지점에 도달하지 못하는 경우도 있다. 그 주변까지는 가지만 학문의 진정한 즐거움이라고 할 수 있는 자신의 변화와 세상의 변화를 체험하지 못했기 때

---

[13] 사상가이자 교육자인 요시다 쇼인(吉田 松陰)이 세운 학당. 에도시대 말기와 메이지 시대를 주도한 사람들을 키웠다.
[14] 일본 오사카 센바에 세워졌던 학교로, 에도시대의 학교이다. 오가타 고안이 세웠으며, 난학을 가르쳤다. 후에 오사카 대학과 게이오 대학으로 흡수되었다.

문일까?

  이처럼 배움에 대해서도 거꾸로 생각해 보면 그 즐거움과 깊이를 만끽할 수 있게 된다.

잘 모르기 때문에
즐거운 것

　책 중에서 소위 '실용서'는 생각하는 재미를 처음부터 포기한 책으로 '~하면 된다' 같은 정답만 쓰여 있다. 아무리 부드러운 어조로 쓰여 있다고 해도 생각할 자유를 빼앗는 것임은 분명하다. 이처럼 기업과 학교에서도 배움의 본질에서 가장 멀리 떨어진 것을 배움이라고 생각하며 가르치는 경우가 있다.

　사실 자신이 알지 못하는 것들이 잇달아 눈앞에 나타났을 때, 그것이 재미로 이어진다. 이런 경험이 바로 배움이다. 이런 경험을 통해서 지금까지 알지 못했던 새로운 자신을 만나게 된다.

우리는 책을 통해서 자신이 저자의 생각에 공명하고 있음을 느끼지만, 자신이 왜 공명하는지 그 이유는 정확히 알지 못한다. 왜 그럴까? 그 이유는 자신의 내면에는 분명히 존재하지만, 아직 언어로 생성되지 않은 것들을 책 속에 말해주기 때문이다. 잘 모르면서도 뭔가를 알게 되는 신기한 체험이다. 그리고 시간이 한참 지나고 나서야 그 체험이 무엇이었는지를 깨닫게 된다.

나는 이것이 배움이라고 생각한다. 따라서 배움이라는 것은 사전에 무엇을 습득해야 할지가 분명한 기업 연수나 요리 실습 같은 것들과는 본질적으로 다른 경험이다.

배움은 직접 해보지 않으면 알 수 없다. 아니, 직접 해봐도 그 당시에는 알 수가 없다. 하지만 인간은 무엇인지 잘 모르면서도 즐거움을 느끼는 경험을 통해서 배워 간다.

깊이 생각하기

　배움의 성과는 시간이 흐른 후에 나타난다. 나중에 '바로 이 거야'라고 깨달았을 때 정말로 알았다고 할 수 있다. 그렇다면 배움의 경험은 사람에게 공리적인 그 무엇을 가져다줄까? 내가 배운 그 무엇은 내가 살아가는 데 어떤 의미가 있을까?

　손익 계산이라는 측면에서만 보면, 배움은 어떤 이익도 가져다주지 않을 것이다. 오히려 배움을 계속할수록 세상에서 소외되는 느낌을 강하게 받을 수도 있다. 예를 들면, 시대의 분위기와 주위의 압박에 맞서야 하는 문제로 나타난다.

회사 같은 폐쇄적인 공간에서는 정당하고 이치에 합당한 의견이라도 말하기 어렵다. 하고 싶은 말이 있어도 하지 말아야 할 암묵적인 압박이 존재하는 것이다. 회사 업무만이 아니라 지역 활동이나 정치 활동을 하는 경우에도 자신의 생각이나 의견을 말할 수 없는 분위기가 있다.

2012년 3월에 있었던 릿쿄대 대학원 졸업식에서 요시오카 도모야吉岡 知哉 총장은 배움과 스스로 생각하는 것에 관해 중요한 메시지를 언급했다. 그의 연설 중 일부를 소개한다.

그러나 좀 더 생각해 보면 대학에 대한 불신은 오래 전부터 존재하지 않았을까요? 어느 때부턴가 '뭔가를 생각해야 하는' 대학의 역할을 기대하지 않게 된 것 같습니다. 사회가 대학에 대해 '뭔가를 생각하는 것'보다 즉각적으로 도움이 되는 기술을 요구하고 있다는 점에서 그렇습니다. 대학에 대해 이야기할 때도 인재, 졸업생 자질 보증, PDCA 사이클 등 오로지 사회공학적인 개념의 단어만 쓰게 되었습니다.

최근 들어 글로벌화와 유니버설화를 화두로 대학의 위기를 논하는 일이 많아졌습니다. 하지만 이 사회가 '대학은 생각하는 곳'이라는 대학의 역할을 기대하지 않게 된 것이 훨씬 더 심각한 위기입니다.

또한 이러한 변화의 배경에는 근본적으로 '생각하는 것'의 사회적 의미를 부정하는 분위기가 조성되어 있다는 점에도 주의해야 합니다. 동일본대지진 이후 반지성주의가 힘을 얻기 위한 조건이 한층 더 강화되었습니다.

(중략)

지금까지 이야기한 것에서 알 수 있듯이 '생각하는' 행위는 기존 사회가 인정하는 가치의 전제나 구조적인 틀 자체에 의문을 갖는다는 점에서 본질적으로 반시대적이고 반사회적인 행위입니다.

여러분 중에는 사회에 진출해서 일을 하는 사람도 있고, 대학원생으로서 후기 과정을 밟는 사람도 있을 것입니다. 또 대학이나 연구소에서 연구를 계속하는 사람도 있을 것이고, 직장생활을 하면서 우리 대학에 다니며 다음 단계로의 도약을 꿈꾸는 사람도 있을 것입니다.

여러분이 어떤 길로 나아가든 한 가지 확실한 것이 있습니다. 그것은 바로 여러분이 '깊이 있게 생각하는' 행위를 함으로써 사회적으로 이질적인 존재가 되기로 결심했다는 점입니다. 부디 앞으로도 깊이 있게 생각하는 행위를 멈추지 마세요.

어떤가? 나는 이 연설을 릿쿄 대학 강당에서 들었다. 요시오카 총장의 연설을 듣는 동안 내 몸에 전율이 흐르는 것을 느꼈다. 다른 대학의 총장 연설은 대부분은 사회의 글로벌화에 대응하기 위한 마음가짐을 이야기했다. 그에 비해 요시오카 총장의 연설은 완전히 이질적이었고 반시대적이었다.

나는 곧바로 트위터에 연설 내용과 함께 연설 전문이 있는 링크를 올렸다. 내 트윗은 눈 깜짝할 새에 수백 회나 리트윗되며 화제로 떠올랐다. 그가 했던 연설의 백미는 다음과 같은 구절이다.

"여러분이 깊이 있게 생각한다는 것은 사회적으로 이질적인 존재가 되기로 결심했다는 뜻입니다."

이런 게 무슨 의미가 있냐고 생각할 지도 모른다. 그러나 이 사회에 이질적인 존재를 배출하는 것은 사실 사회가 원했던 일이기도 하다. 왜냐하면 이질적인 존재만이 사회의 진보와 혁신을 이룰 수 있기 때문이다. 즉 그 시대가 제 기능을 하지 못하는 현상을 알아차리는 것도 이질적인 존재만이 할 수 있기 때문이다.

2005년, 스탠포드 대학 졸업식 연설에서 애플 창업자 스티브 잡스는 이렇게 말했다.

> Your time is limited, so don't waste it living someone else's life. Don't be trapped by dogma — which is living with the results of other people's thinking. Don't let the noise of other's opinions drown out your own inner voice.
>
> 여러분의 시간은 제한되어 있습니다. 따라서 다른 누군가의 삶을 살아 주며 시간을 허비해서는 안 됩니다. 도그마의 덫에 걸리지 마십시오. 여기서 '도그마'란 다른 사람들의 생각대로 살아가

는 것을 의미합니다. 다른 사람들의 의견이라는 소음이 여러분 자신의 내면의 목소리를 덮어 누르도록 허용하지 마세요.

요시오카 총장과 스티브 잡스의 연설은 사회에 의문을 제기하고, 그것에 대해 깊이 있게 생각하는 사람만이 할 수 있는 연설이었다.

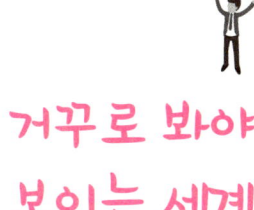

거꾸로 봐야 보이는 세계

사회현상들을 깊이 있게 생각하다 보면 자신이 살고 있는 시대를 거꾸로 볼 수 있게 된다. 그러다 정신을 차리고 보면 자신이 반시대적인 곳으로 삐져나와 있는 것을 발견하게 된다.

그렇다면 시대성時代性이 무엇인지를 먼저 명확하게 생각해 보자. 그래야 거꾸로 생각하는 것이 그렇지 않은 사고와 무엇이 다른지도 명확히 이해할 수 있다.

시대는 때때로 잘못을 범한다. 일본은 왜 패배할 게 뻔한 전쟁을 시작했을까? 가장 민주적이라고 불리었던 바이마르 헌법[15]이 제정되었던 시대에 왜 나치즘이 고개를 들었을까? 그리고 오늘날 시리아의 테러리스트 집단은 왜 생겼을까? 좀 더 생활과 밀접한 예를 들자면, 세계 최고의 기업 소니는 왜 추락했을까?

그 이유는 집단적인 사고가 어느 지점에서 좁고 험난한 길로 들어가 길을 잃고 헤매게 되었기 때문이다. 구성원들은 각자 열심히 노력했고, 잘못을 저지르려는 의도도 없었다. 그런데도 훗날 '그때는 왜 그렇게 바보 같은 짓을 했을까?'라고 후회하는 일을 저지른다. 그러나 현대 사회에서도 여전히 이러한 문제는 빈번히 일어나고 있다. 우리는 지금의 일본 사회가 얼마나 큰 병에 걸려 있는지에 대해 심각하게 고민해야 한다.

어떻게 하면 시대적인 오류를 발생시키는 집단적 사고에서 벗어날 수 있을까? 이러한 생각이 거꾸로 생각하기의 시작이다.

---

15) 1919년 독일에서 제정된 최초의 민주주의 헌법. 바이마르에서 헌법 제정이 논의되었기 때문에 '바이마르 헌법'으로 명명되었다.

집단의 사고와 개인의 사고

사상가 요시모토 다카아키는 자신의 책 『공동 환상론共同幻想論』[16]에서 집단적 사고와 개인의 사고를 깊이 있게 다루었다. 실증적으로 명확하게 증명이 이루어진 것은 아니다. 그는 '공동 환상'이 어떤 원리로 이루어지는지를 설명하기 위해 '개인 환상個人幻想', '대환상對幻想', '공동 환상'이라는 세 가지 개념을 이용해서 정리했다.

---

16) 요시모토 다카아키(吉本 隆明), 가도카와문고(角河文庫), 1982년

조금 어려운 이야기지만 예를 들어 보겠다.

1970년대 일본에서 공산주의 이념으로 활동했던 연합 적군이 아사마 산장을 점거하여 인질극을 벌인 사건이 있었다. 일본 경찰이 그 사건을 조사하는 과정에서 연합 적군이 자체 소집령에 따라 산악 지대에 모인 29명의 대원 중 14명을 집단 폭행해 살해한 사실이 밝혀졌다. 소위 지식인들로 구성된 조직에서 집단 폭행이 일어난 이유는 무엇일까?

1990년대에는 오움진리교 사건이 있었다. 의사와 변호사 등 전문직 엘리트들이 사이비 교주에게 빠져 지하철에 독가스를 살포하는 끔찍한 범죄를 저지른 이유는 무엇일까?

그러한 것들에 대한 정확한 답을 찾기는 쉽지 않다. 하지만 아주 단순하게 생각해 보면, 그들은 원래부터 범죄자가 될 가능성이 있는 사람들이 아니었을까 싶다. 그런데 요시모토는 강연에서 자신도 그 집단 속에 있었다면, 그렇게 행동했을지 모른다고 말했다. 환상 속에서 개인은 그 환상이 지닌 가치관에서 벗어날 수 없다는 말이다.

요시모토가 정리한 세 가지 환상 중에서 '대환상'은 두 사람

사이의 성적인 관계가 빚어내는 환상이다. 사랑하는 두 남녀는 강렬하게 서로를 사랑하는 것이야말로 가치 있는 일이라고 생각하며 '사회성'에 대해서는 개의치 않는다. 쉽게 말하면, 지하철에서 진한 애정 행각을 하여 남들에게 빈축을 사도 두 사람에게는 사랑을 확인하는 것보다 더 높은 가치가 없으므로, 그들은 남들의 빈축 따위에 아랑곳하지 않는다. 즉 누구든지 사랑을 하면 남들이 보기에 이상한 행동을 한다는 말이다.

요시모토는 흥미롭게도 대환상에서 중시하는 가치관과 공동 환상에서 중시하는 가치관이 반대로 나타난다는 점에 주목했다. 나는 그의 책을 읽고 상당히 놀랐다. 세상을 이런 형태로 이해하는 사고방식에 놀랐던 것이다. 요시모토 이전에는 그 누구도 이런 식으로 세상을 바라보지 않았기 때문이다.

나는 그의 책을 통해서 사람의 사고나 행동을 결정하는 것은 그 사람 개인의 윤리관이나 선악이 아니며, 사람은 각각의 공동 환상이 가지고 있는 가치관에 따라서 생각하고 행동한다는 것을 알게 되었다.

나는 내 경험에 비추어 보면서 요시모토의 공동 환상 이론을 충분히 이해할 수 있었다. 나뿐만 아니라 다른 사람들도 자신의 경험에 비추어 보면서 요시모토의 이론을 이해했을 것이다.

 요시모토는 지역 사회의 시민단체도, 일반 기업도, 국가도 공동 환상에 의해 성립되는 세계라고 했다. 즉 단체 안의 개인은 집단이 기대하는 대로 생각하고 행동한다는 것이다. 그렇다면 우리는 공동 환상이 지배하는 세계와 자기 자신, 즉 '개인' 사이에서 어떤 식으로 타협점을 찾으며 살아갈 수 있을까?

거꾸로
생각한다는 것

개인이 국가를 버린다는 것은 어떤 의미일까?

러시아의 대문호 톨스토이는 자신의 조국인 제정 러시아를 부정하려고 했던 사람이다. 그는 자신이 태어난 야스나야 폴랴나에 살면서 국가와는 분리된 별도의 공동체를 세우려고 했다. 그가 구상한 공동체는 국가의 운영 방식과 완전히 다른 방식으로 운영되는 농촌 공동체였다. 톨스토이와 그의 동료들은 자신들만의 공동체를 실현하기 위해 필요한 모든 시설을 직접 만들어야 했다. 학교와 양육 시설을 세우고, 교과서도 직접 만들었다. 어쩌면 그들만의 언어와 화폐도 만들고 싶었을 것이다.

실제로 톨스토이는 '귀족'이라는 신분마저 버리고 농민이 되고 싶어 했다고 한다. 사실 톨스토이는 천 년에 한 번 나올까 말까 한 궁극의 청개구리였으니, 그런 공동체를 꿈꾸었을 만도 하다. 톨스토이의 경우는 조금 극단적인 예이지만, 나는 거꾸로 생각하는 방법에 관한 힌트를 톨스토이에게서 찾을 수 있다고 생각한다.

톨스토이의 사례에서 우리는 모든 사람이 'A'라고 할 때 'B'라고 말하는 것이 거꾸로 생각하기가 아님을 배울 수 있다. 이러한 사고는 일본이 싫어서 싱가포르로 이주하겠다는 식의 사고방식이다. 하지만 톨스토이의 사고는 그런 게 아니었다. 제정 러시아라는 국가 환상 자체를 다른 환상으로 대체시키려는 시도였다. 아주 쉽게 말하자면, 프로야구 A팀 팬들이 모여 있는 곳에서 자기는 A팀이 싫다고 말하는 것은 거꾸로 생각하는 것이 아니다.

너무 단순한 예를 들었는지 모르겠다. 거꾸로 생각한다는 것은 모든 사람이 A팀 팬이라고 말할 때 '그럼, 야구란 건 뭔가?', '팬이 된다는 건 어떤 의미인가?'라고 묻는 것이다. 즉 전혀 다른 차원에서 다시 한 번 생각해 보는 것이다.

모두가 'A'라고 말하는데, 'A의 본질 안에는 무엇이 있을까?'라는 질문을 던진다. 이처럼 A도 B도 아닌 생각을 할 수 있는 것이 거꾸로 생각하는 것이다. 생각한다는 건 그런 의미다. 깊이 있게 생각하다 보면 결국 공동체적 규범에서 삐져나오게 된다. 생각하는 사람은 자연스럽게 사회의 이질적인 존재가 되기 때문이다.

생각하는 사람은
사회의 이질적인 존재가 된다.

생각을
단순화하려는
풍조

요즘은 모든 생각을 단순화하여 알기 쉽게 만드는 풍조가 있다. 검은색과 흰색 사이에는 검정도 하양도 아닌 다양한 색이 있는 것처럼, 사람의 생각은 각양각색인데도 말이다.

생각의 관점을 바꾸면 수많은 색채가 존재하는 세상이 펼쳐져 있다. 이것이 진짜 세상인데도 사람들은 흑과 백을 선택하라고 강요한다. 이런 사고방식이 사회 전체에 스며들어 있다. 디지털 사회로 변화하면서 그런 경향이 점점 강해지고 있다.

사물의 가치는 흑과 백 사이에 존재하는데도 이 세상은 그것을 디지털 숫자로 표현한다. 물론 그렇게 하는 것이 편리하기도 하지만, 흑백논리에 너무 익숙해지면 현실에서 점점 멀어지게 된다.

2차대전 중 일본의 많은 문학가들이 전쟁에 영합하는 소설을 쓰거나 침묵했다. 하지만 다자이 오사무太宰 治나 다니자키 준이치로谷崎 潤一郎는 영합하지도 침묵하지도 않는, 즉 전쟁을 찬미하지도 부정하지도 않는 소설을 계속 썼다.

다니자키는 『세설細雪』을, 다자이는 『쓰가루津輕』를 썼다.

『세설』은 군부에 찍혀서 출판이 금지되었지만, 다니자키는 소설 쓰기를 멈추지 않았다. 이 작품은 오사카 후나바舟場에 사는 몰락한 상류 계층 집안의 네 자매를 둘러싼 연애와 결혼 이야기로, 사계절의 변화와 오사카의 세련되고 우아한 생활상이 잘 묘사되어 있다.

『쓰가루』는 다자이가 어린 시절을 보낸 쓰가루 지방의 자연을 배경으로 한 기행문 형식을 띠고 있는데, 주인공과 그를 키워 준 유모가 재회하는 장면이 감동적으로 그려진 소설이다.

두 작품 모두 전쟁 중의 살벌한 분위기와는 전혀 다른 차분

한 정경이 묘사되어 있다. 하지만 작품 속에는 당시의 시대 분위기에 대한 저항 의식이 깔려 있는데, 그 저항 의식은 '소소한 일'의 중요성을 강조한 가치관이다.

그들은 전쟁을 찬미하거나 침묵해야 하는 양자택일의 강요에 굴복하지 않고 자기 주변에서 일어나는 일상적이고 소소한 일이 그 무엇보다 소중하다는 가치관에 따라 작품을 썼다.

전쟁에 찬성하는지 반대하는지, 흑인지 백인지를 선택해야 하는 흑백논리 사고에서는 절대로 나올 수 없는 가치가 두 작품에 담겨 있다. 그 결과 전쟁은 무참한 패배와 함께 상처만 남겼지만, 작가 혼자 고독을 견디며 쓴 소설은 세계 각국에서 출판되어 시대를 초월해 읽히고 있다.

단기적인 손익 계산을 하는 사고로는 오랜 시간에 걸쳐 견딜 수 있는 가치를 만들어 낼 수 없다. 오늘날의 정치와 경제에도 가치의 중요성을 적용할 수 있다. 단기적 손익만을 생각하며 정책을 실행하면 그 순간은 좋은 결과가 나올지 몰라도 장기적으로 보면 국가와 기업이 훼손된다.

최근 들어 도쿄 만灣의 오다이바お台場[17]에 카지노를 만들어

아시아 관광객들을 유치하자는 국회의원들이 많다. 나는 그들에게 세계적으로 카지노가 들어선 마을이 어떻게 변해 갔는지 조사해 보라고 말해 주고 싶다. 단순히 경제적 효과만이 아니라, 카지노가 들어선 마을의 문화가 어떻게 변화되었는지를 알게 된다면 그런 주장을 하지 않을 것이다.

흑백논리의 사고는 '돈을 벌 것이냐, 손해를 볼 것이냐'의 두 가지 요소로만 생각하게 한다. 이로 인해 현대 사회는 이미 일그러졌으므로, 다른 가치로 다시 한 번 생각하지 않으면 더 이상 앞으로 나아가지 못할 것이다.

---

17) 도쿠가와 막부 말기에 해안 방어를 위해 구축한 포대.

VALUE

2
거꾸로 봐야 보이는 가치

경제가 성장하지 않아도 살아갈 수 있는
전략을 아무도 생각하지 않는다.

효율성에 대해
거꾸로 생각하기

　목적 지향적인 행동과 목적을 위한 것이 아니면서 중요한 일 사이에는 어떤 차이점이 있을까? 나는 이것을 '차원이 다르다'는 말로 표현하고 싶다. 이렇게 말하면 이해하기 어려우니, 좀 더 풀어서 설명하겠다.

　예를 들어 우리는 '글로벌 인재'라거나 '글로벌 교육'이라는 말을 자주 듣는다. 문부과학성 홈페이지에 들어가면 이런 말이 나온다. 2014년 4월에 개최한 경제 사회 발전을 이끄는 글로벌 인재 육성 지원 및 대학의 세계 경쟁력 강화 사업 합동 프로그램 위원회를 설명한 글이다.

경제와 사회 발전에 기여할 것을 목적으로 글로벌 무대에 적극적으로 도전하고 활약할 수 있는 인재 육성을 도모하기 위해, 학생들의 글로벌 경쟁력 강화를 위한 교육 체계 준비를 지원하는 '경제 사회 발전을 이끄는 글로벌 인재 육성 지원'이나 대학 교육의 글로벌 경쟁력을 강화하기 위해 내국인 학생의 해외 유학과 외국인 학생 유입을 추진하는 국제 교육 연대를 지원하는 '대학의 세계 경쟁력 강화 사업'을 실시하고 있습니다.

이런 것을 관료적 문장이라고 하는 걸까? 이런 글을 읽고 있으면 머리가 어지러워진다. '글로벌'이라는 말을 엄청 좋아하는 모양이다. 말하고자 하는 핵심은 국제무대에서 활약할 수 있는 인재를 육성하는 대학을 만들겠다는 의도인 것 같다. 하지만 나는 이것이 대학이나 교육의 본질에서 동떨어진 주장이라고 생각한다.

글로벌을 외치기 시작한 것은 일본판 금융 빅뱅이 시행되었을 무렵인 1990년대 후반부터다. 1996년 2차 하시모토 내각 시절, 하시모토 류타로橋本 龍太郎 수상은 'free시장 원리가 작용하는 자유로운 시장, fair투명하고 신뢰할 수 있는 시장, global국제적으로 시대를 앞서가는 시장'을 3원칙으로 하는 금융 개혁안을 제시하면서 2001년까지 런던과 뉴욕에 버금가는 국제 시장을 만들겠다고 발표했다.

알고 보면 경제계의 요청이라기보다는 미국으로부터 강한 압력을 받고 '글로벌'이라는 단어가 강조된 것이다. 원래는 산업계와 금융계로부터 요청이 있어서 보호주의로 일관하던 정책이 폐지되고 경제 장벽을 철폐하려는 목적으로 글로벌화가 제창되고, 그 요청에 부응할 수 있는 인재가 요구되는 것이 정석인데 말이다.

한편 대학의 역사는 국가의 역사보다 더욱 오래되었다. 이탈리아 볼로냐 대학은 천 년의 역사를 가지고 있다. 그러므로 대학에서는 이처럼 긴 역사를 견딜 수 있는 것들을 가르쳐야 한다. 긴 역사를 견딜 수 있다는 것은 그때그때의 시대적 요청에 따른 가치가 아니라, 보편적 가치를 추구한다는 뜻이다.

실학 교육은 기업에 맡기면 된다. 산업계 발전에 적합한 인재가 준비되어 있으면 좋겠지만, 그런 인재가 필요한 분야에서 직접 인재를 키우는 것이 더 바람직하다.

대학은 시장 원리와는 거리를 두고 보편적 가치로 이어지는 연구를 해야 하며, 그런 의미에서 그 시대의 권력이나 제도 자체와는 일정한 거리를 두어야 한다. 즉 논외論外로 봐야 한다는 뜻이다. 그렇지 않으면 보편성으로 이어지는 검증과 비판을 할 수 없게 된다. 기업에서 실시하는 연수와 대학에서 행하는 교육은 그 목적이 다르다. 시간도, 상대도 다르다. 즉 차원이 다른 것이다.

차원이 다르다는 것에 대한 설명이 조금 길어졌다. 하지만 오랜 시간 사람들이 쌓아 온 것, 즉 목적을 위한 것이 아니면서 중요한 것Something for Nothing이라는 눈에 보이지 않는 가치를 이해하는 데 도움이 되었으리라 믿는다.

효율을 중시하고 득과 실을 따지는 요즘 같은 세상에서 목적을 위한 것이 아니면서 중요한 것을 받아들이고 실천에 옮기려면 고독해져야 할지도 모른다. 이 시대에는 이익이 되지 않는 것은 하지 말아야 한다는 풍조가 퍼져 있기 때문이다.

그렇다면 어떻게 해야 그러한 고독을 견딜 수 있을까? 어렵지 않다. 자신과 똑같이 고독을 견디는 사람이 어딘가에 존재한다는 것을 알면 된다. 예를 들어, 목수 일을 하는 사람이 어딘가 먼 곳에서 나는 망치질 소리를 듣고 '나처럼 목수 일에 열정을 쏟는 사람이 또 있구나!' 하는 느낌을 받는다면, 고독을 견딜 수 있지 않을까? 그 소리가 똑똑하게 들린다면, 자신이 혼자가 아니라는 느낌이 들 것이다. 혼자이지만 혼자가 아니라는 느낌말이다.

하지만 그런 느낌을 경험하려면 어느 정도 홀로 견디는 과정을 겪어야 한다. 그렇지 않으면 자신이 혼자가 아니라는 느낌이 들지 않는다. 뭔가를 시작했지만 아무 소용이 없다며 그만둘 수도 있고, 고독을 견디지 못해 동료를 찾으려고 할 수도 있다. 물론 그것도 해결 방법 중에 하나지만, 그런 방법으로 해결한다면 더 중요한 것을 잃게 되지는 않을까?

요즘은 모두가 목적을 위해 생각한다. 목적을 정하고 최단거리로 가려고만 한다. 이처럼 효율을 최대화하려는 생각은 손익만 중시하는 비즈니스적 사고일 뿐이다.

무엇으로 행복을 느끼는 가는
사람마다 다르다.

경제 성장은 환상이다

많은 사람들이 진보와 성장을 매우 바람직한 것으로 생각한다. 물론 진보와 성장이 이루어 낸 바람직한 면도 있다. 진보와 성장 덕분에 우리는 윤택하고 편리한 생활을 누릴 수 있게 되었다. 그런데 '성장'이라는 개념이 높은 평가를 받게 된 것은 산업혁명 이후로서 그렇게 오래되지 않았다.

시간을 거슬러 올라가 산업혁명 이전의 중세 유럽 사회는 그 기나긴 세월 동안 성장도 발전도 없는 정체 상태가 지속되었다. 그러다가 18세기에 들어서 인구가 급격히 증가하기 시작했다. 일본도 에도시대 후기인 150년간은 인구가 늘지도 줄지도 않는 비유동적인 형태를 보였다. 그럼에도 오늘날 우리가 향유하는 상당수의 문화, 예를 들면 가부키, 라쿠고[18], 우키요에[19] 같은 문화가 꽃을 피웠다.

문화에는 '성장'이라는 개념 자체가 없다. 오히려 성숙이나 쇠퇴, 연륜이라는 관점에서 아름다움과 가치를 찾는다. 다시 말해 현대 사회에서 중시되는 성장은 인류의 긴 역사 중 고작 수백 년에 불과한 한 시대에 적용되는 개념일 뿐이다.

나는 경제 성장 자체에 대해서는 긍정도 부정도 하지 않는다. 아니, 오히려 경제 성장은 사회적 격차와 빈곤 문제를 해결하는 한 방법이라고 할 수 있다.

단기적 경제 성장은 경제 정책으로 실현할 수도 있다. 그러나 오늘날과 같은 성숙된 사회에서 그러한 결과를 만들어 내기

---

18) 라쿠고(落語) : 해학적인 내용으로 듣는 사람들을 재미있게 만드는 일본의 전통적인 이야기 예술.
19) 우키요에(浮世繪) : 일본 에도시대(江戶, 1603~1867)에 서민 계층을 기반으로 발전한 풍속화.

란 매우 어렵다. 왜냐하면 현재 서구 선진국에서 나타나는 인구 감소와 총수요 감소는 경제적 현상이라기보다는 그보다 훨씬 더 주기가 긴 문명사적 현상이기 때문이다. 따라서 그 원인을 경제에서만 찾으려고 한다면 당연히 어려울 수밖에 없다.

나는 내 책 『경제 성장이라는 병経済成長という病』[20]에서 모든 것을 경제 성장에만 초점을 맞추는 사고방식을 다루었다. 그런데 당시 그 책을 비판했던 사람들 중 상당수는 내가 '경제 성장은 나쁘다, 경제 성장을 하지 않는 편이 좋다'고 주장한 것으로 오해한 듯싶다. 하지만 그렇지 않다. 경제 성장은 바람직한 것이다. 경제 성장을 실현하면 확실히 많은 문제가 해결된다. 따라서 나는 경제 성장 그 자체를 부정하지 않는다.

부富가 권력 계층에 집중되고, 억압 정치에 의해 지배받던 시대가 끝나고 누구나 자유롭게 생산하고 소비할 수 있는 시대가 되면서 경제는 자연스럽게 성장했다. 그것은 인간의 의지라기보다는 자연스런 과정이었다. 2차대전 후 일본의 경제 성장과

---

20) 히라카와 가쓰미(平川克美), 고단샤 현대신서(講談社 現代親書), 2009년

오늘날 중국의 경제 성장도 예외가 아니다.

그러나 앞으로도 경제가 계속 성장할 거라는 생각은 환상에 지나지 않는다. 서구 선진국과 일본 경제는 예전처럼 성장할 수 없게 되었고, 인구 증가도 증가 추세에서 감소 추세로 돌아섰다. 이런 상황에서 계속적인 경제 성장을 기대하는 것은 희망 고문일 뿐이다.

나는 내 책에서 지나온 역사를 분석하고, 다양한 조건을 고려해 볼 때 현 시점에서는 경제 성장을 이끌어 낼 조건이 없으며, 오히려 성장을 멈출 개연성이 높다고 썼다. 그러면서 다음과 같은 질문을 던졌다.

'경제 성장 전략을 수립하는 것은 좋다. 하지만 그와 함께 경제 성장이 멈추어도 살아갈 수 있는 전략을 세워야 하는 것 아닌가?'

시장 포화나 인구 감소, 총수요 감소 같은 현상을 놓고 보면, 당분간은 경제 성장이 어렵다는 것이 내가 도출한 결론이었다.

경제 성장을 실현하기 위한 조건이 없어진 상태에서 경제 성장 정책을 펼치려고 하면 역효과만 날 뿐이다. 이럴 때에는

'경제 성장'에만 집중할 것이 아니라 경제가 성장하지 않을 경우 어떻게 할 것인지를 생각해 보면 오히려 좋은 답이 보이지 않을까?

욕망이 만들어 내는
가짜 가치를 구분할 수 있어야 한다.

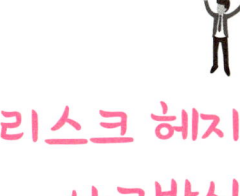

리스크 헤지 사고방식

　내가 2009년에 출판한 책 『경제 성장이라는 병』에서 펼친 주장을 이론적으로 전개한 책 『이행기적 혼란 - 경제 성장 신화의 종말』을 2010년에 출간했는데 그 당시에는 주목을 받지 못했다. 그런데 몇 년 뒤에 보니 그 책에 쓰여 있는 대로 되었다.

　나에게 미래를 내다보는 혜안이 있다고 자랑하고 싶은 것이 아니다. 현재 일어나는 일과 현상을 있는 그대로 바라보면 누구나 '앞으로는 이렇게 될 것'이라는 흐름을 읽을 수 있다는 뜻이다. 그러나 '~해야만 한다'는 선입견을 집어넣으면 현상을 바르게 판단하는 감각이 차단된다. 아마도 이 세상이 그런 사고법만 치켜세웠기 때문일 것이다.

회사가 이익 목표를 설정할 때도 그렇다. 경영기획실의 그 누구도 작년보다 매출이 감소할 거라는 계획을 세우지 않는다. 그래서 일단은 '매출이 증가할 것'이라는 계획을 엑셀로 만들어 놓고 그에 맞추게끔 현장에 지시를 내린다.

회사도 그런데 하물며 국가 경제는 어떨까? 훨씬 더 복잡한 전제 조건들이 얽혀 있는 국가 경제에 관한 계획을 세울 때, 무조건 성장 일색의 전략을 짤 수는 없는 노릇이다.

그동안 정부는 온갖 경제 정책을 펼쳐보았지만 생각처럼 되지 않았다. 그래서 꽤나 오래 전에 쓴 내 책이 이제 와서 읽히게 된 것이다. 정치가들이 내 책을 주목하기 시작했고 강의 요청이 늘어났다. 정치가들은 종종 수행적 과제를 제시하지만 지금이 어떤 상태인지를 정확하게 인식하지 못한다. 그러면 올바른 지침이 나올 수 없다.

많은 사람들이 경제 성장 전략이 없다는 식으로 말하지만, 그런 건 문제가 아니다. 경제가 성장하지 않아도 살아갈 수 있는 전략을 아무도 생각하지 않는다는 것이 문제다.

경제 성장 전략을 수립할 때는 경제가 성장하지 않을 경우의 전략도 함께 수립해야 한다. 이것이 바로 '리스크 헤지risk hedge'라는 사고방식이다. 이것이 지금 정치가들이 해야 할 일이 아닐까? 하지만 정치가들 중 누구도 리스크 헤지를 생각하지 않는다. 내 책에서는 바로 이 문제를 이야기한 것이다.

경제 성장이 멈출 경우의 전략을 생각하지 않은 채 10년, 20년을 버티다가 실제로 그런 상황이 닥쳤을 때, 어떻게 해야 할지 몰라서 허둥거리면 국민만 힘들다.

우리는 종종 리스크 헤지를 잊어버린다. 인간은 긍정적으로 생각하고 싶어 하는 동물이기 때문에 '어떻게든 되겠지', '나만은 벗어날 수 있을 거야'라고 생각하는 경향이 있다. 물론 어느 정도는 그런 생각이 통할 수도 있다. 그러나 자신이 직면해야 하는 문제로부터 도망치기만 하다가 그 문제가 커지고 나서 어떻게 해보려고 한다면 어떻게 될까? 안타깝지만 그때는 이미 손쓸 수 없는 경우가 많다. 리스크 헤지 사고방식도 이런 면에서 보면 일종의 거꾸로 생각하기인 셈이다.

일하는 것과 사는 것이 같아지면
대충대충 일할 수 없다.

거꾸로 쓴
비즈니스 전략

내가 처음으로 쓴 책은 『반전략적 비즈니스를 위하여反戰略的ビジネスのすすめ』라는 책이었다. 이 책을 집필할 때는 어떤 비즈니스 책에도 나오지 않는 내용을 쓰겠다고 의욕에 차 있었다.

당시 서점에는 경영 전략에 관한 책들이 빽빽이 꽂혀 있었다. 경제학자 마이클 포터Michael Eugene Porter의 『경쟁전략론On Competition』[21]을 비롯해 「하버드 비즈니스 리뷰」, 『손자병법』 등

---

21) 한국에서는 『마이클 포터 경쟁론』(21세기북스, 2011년)이라는 제목으로 출간되었다.

온갖 종류의 전략 책이 나와 있었다.

나는 평판이 높은 책들을 쭉 훑어보았다. 그 당시 전략컨설턴트로 활동하고 있었으니 당연한 일이었다. 그중에는 수긍이 가는 책도 있었지만, 그대로 따르는 것이 옳은가에 대해서 의문이 드는 책들이 더 많았다. 물론 책마다 나름의 의미가 있겠지만, 오로지 경쟁에서 이기느냐 지느냐의 관점으로만 비즈니스를 논한다면 그것처럼 시시한 일이 어디 있겠는가?

그중에는 기존 제품과 신규 제품을 가로축에, 기존 시장과 신규 시장을 세로축에 놓은 후 매출을 올리기 위해 무엇을 할 것인지를 결정하게 하는 전략서도 있었다. 경영학자 이고르 앤소프Igor Ansoff의 '제품-시장 성장 매트릭스'라는 전략인데, 내가 보기에는 지극히 당연한 생각이 새삼스럽게 제시되어 있을 뿐이었다.

그 외에도 가로축은 자사의 상대적 시장 점유율로, 세로축은 시장의 성장률로 설정한 후 '문제아, 개, 캐시 카우, 스타'의 4개 분면으로 분류하는 PPM 분석 전략도 있었다. 이런 기법이 도움은 될 수 있겠지만, 중요한 것은 주어진 맵에서 생각할 수 있느냐가 아니라 본인이 새로운 맵을 그릴 수 있느냐가 아닐까? 주어진 맵 위에서 생각하는 방식은 배움과는 거리가 멀다. 강제적인 사고법이 작동하기 때문이다. 강제된 사고에서 혁신적인 아이디어가 나올 리 없다.

그래서 나는 거꾸로 반反전략으로 방향을 잡았다. 즉 전략이라는 형태로 제시되어 있는 사고법에서 벗어나 새롭게 접근하기로 한 것이다. 조금 더 부연 설명하자면, 기존의 익숙한 사고법이나 비즈니스 용어의 의미를 처음부터 다시 생각하는 방식이었다. 비즈니스를 좀 더 확장시켜서 논할 가치가 있는 것으로 만들고 싶었기 때문이다.

예를 들면, 급여는 무엇에 대해 지급하는가?, 회사의 직함은 무엇을 의미하는가?, 회사에서 말하는 능력은 무엇인가?, 무엇을 위해 일하는가? 같은 질문을 통해 내가 회사를 경영하면서 겪었던 경험들을 새로운 시각에서 다시 한 번 생각해 보았다. 요컨대 비즈니스의 시작점에서 비즈니스를 다시 한 번 생각했던 것이다.

나는 이 책을 집필하면서 생각하다 말았던 주제들을 다시 생각해 보게 되었다. 물론 아는 게 늘어난 만큼 모르는 문제들도 새롭게 등장했지만, 그런 문제들이 다음 책을 쓸 수 있는 계기가 되었다. 이 과정에서 가장 큰 수확은 스스로 생각하는 것이 무엇인지를 경험한 것이다.

내 책에서 소개한 내용은 인류학자나 철학자가 다른 책에서 이론적으로 좀 더 명확하게 설명했을 수도 있다. 하지만 나는 그것들을 비즈니스 현장에서 출발해서 비즈니스적인 관점으로 다시 생각했다. 이것은 나에게 쉽게 얻을 수 없는 소중한 경험이었다.

행복에는 가격표가 없다

'최대 다수의 최대 행복'[22]이라는 말이 있다. 18세기부터 19세기에 걸쳐 공리주의를 제창한 법학자 제러미 벤담Jeremy Bentham이 했던 말이다. 벤담의 제자였던 존 스튜어트 밀John Stuart Mill[23]은 정상화 사회경제가 성장하지 않는 정체된 사회를 제창하면서 시장 경제는 시간이 흘러 일정 시점에 이르면 포화 상태가

---

22) 제러미 벤담을 중심으로 하는 19세기 영국 공리주의(功利主義) 철학의 기초 원리.
23) 1806~1873년. 영국의 사회학자, 철학자이자 정치경제학자. 벤담의 양적 공리주의와 구분되는 질적 공리주의 사상을 발전시켰으며, 자유주의와 사회민주주의 정치사상의 발전에도 크게 기여했다.

되고, 최종적으로는 그 목적지인 정상 경제로 수렴된다고 했다.

벤담은 효용을 최대화하는 것이 사람들의 행복으로 이어진 다고 생각했지만, 그것은 법학자의 입장에서 본 견해였다. 실제로는 '행복은 ~이다'라고 정의할 수 있는 것이 아니다. 왜냐하면 '행복'은 행복한 느낌을 가리키는 단어로 쓰이는데 무엇으로 행복을 느끼는가는 사람마다 다르고, 같은 사람이라도 그때그때 다르기 때문이다.

돈을 모으는 일이 행복하다는 사람도 있고, 애견과 함께 살아야 행복하다는 사람도 있다. 경우에 따라서는 가난한 생활이 행복이라고 생각하는 사람도 있을지 모른다.

소설가 아쿠타가와 류노스케芥川龍之介의 소설 중 『감자죽芋粥』이라는 작품이 있다. 중세를 배경으로 한 소설로, 언젠가는 배가 터질 정도로 감자죽을 실컷 먹어보겠다고 다짐한 하급 무사가 정작 자기를 위해 준비된 거대한 양의 감자죽을 보고는 식욕을 잃어버린다는 이야기다.

배가 고프면 소금 간으로 만든 주먹밥에도 행복을 느낀다. 하지만 음식이 넘쳐나는 요즘 시대에는 아무것도 넣지 않은 주먹밥을 편의점에서 찾아볼 수 없다. 이처럼 현대 사회에서는 많은 사람들이 '부자가 되면' 행복을 소유할 수 있다고 착각한다.

'호리에몬'이라는 애칭으로 불렸던 사업가 호리에 다카후미 堀江貴文[24]는 '돈으로 살 수 없는 것은 없다'는 명언을 남겼다. 물론 가격표가 붙어 있는 것은 뭐든지 돈으로 살 수 있다. 하지만 행복해지기 위해서 필요한 것에는 대부분 가격표가 붙어 있지 않다. 애정, 신뢰, 존경, 가족, 친구, 선배, 건강 등이 그렇다.

이 세상에는 부자가 아니어도 행복한 삶을 사는 사람들이 많다. 하지만 그와 반대로 억만금의 부를 쌓았지만 고독하게 죽어간 사람들도 많다. 행복과 돈의 관계도 거꾸로 생각해 보면 어떨까?

---

[24] 벤처기업 '라이브도어'의 사장. 그는 '돈으로 살 수 없는 것은 없다'고 주장하며 낡아빠진 기존 질서에 도전했다. 보수적 주류 세력은 호리에를 경원시했지만, 젊은이들은 그를 우상으로 삼았다. 그러나 2006년 주가 조작 사건으로 체포되었고, 라이브도어는 상장 폐지되었다.

세상을 살아가는 데 필요한
생존 전략을 거꾸로 생각해 보라.

욕망이 만들어 낸 가짜 가치

　인간의 신체적 욕망과 정신적 욕망의 관계는 농수산업 같은 1차 산업과 인터넷, 금융업 같은 산업의 상관관계와 유사하다. 농업의 경우, 아무리 생산성을 높여도 토지에서 수확할 수 있는 생산량이 한정되어 있다. 그러나 금융업에서는 원금을 잘 운용하면 몇 백배, 아니 몇 만 배로 키울 수 있다. 레버리지 leverage 지렛대 원리가 작용하기 때문이다. 무제한적인 욕망이 신체를 훼손시키듯이 레버리지 비즈니스는 건전한 사회를 파괴하기도 한다. 국제 금융위기를 촉발했던 리먼브라더스 사태가 그러한 병증이 표면화된 대표적인 사례다.

우리가 살고 있는 사회는 자연에서 얻는 것으로 이루어져 있다. 쌀과 생선, 채소 등은 자연에서 얻는 것들이다. 이러한 관계를 지속적으로 유지하려면 자연에서 수확하는 게 아니라 자연으로부터 무상으로 받고 있다고 생각해야 한다. 우리 조상은 아주 오래전부터 땅과 바다에 감사하면서 자연의 은총이 고갈되지 않도록 조심스레 수확해 왔다.

그러나 오늘날의 과학 기술, 특히 농업 기술과 유전자 조작 기술의 진보는 자연의 수용 능력이 무한하다는 전제에서 이루어지고 있다는 생각이 든다. 하지만 자연은 무한한 수용 능력을 가지고 있지 않다.

후쿠시마에서 원자력발전소 사고가 일어난 후, 철학자 나카자와 신이치中沢 新一, 우치다 다쓰루内田 樹와 함께 대화를 나눈 적이 있었다. 그때 나카자와는 원자력 에너지, 즉 핵융합 반응은 생태계에는 존재하지 않는 현상이라고 했다.

석탄이나 석유도 생태계에 있는 물질로 에너지를 만들어 낸다. 애초부터 생태계에 존재하는 물질이라면 대충 아무 곳에나 버려도 결국 흙으로 돌아갈 것이다. 하지만 방사성 물질은 생태계에 존재하지 않기 때문에 생태계 안에서는 영원히 폐기할 수 없을지도 모른다.

나는 방사선과학에 관한 전문 지식이 전혀 없다. 그래서 내 생각이 틀렸을 수도 있다. 하지만 원자력발전소 사고가 기술적인 문제나 관리상의 문제에서 발생했다고 생각하고, 그런 측면에서만 교훈을 얻으려고 한다면 언젠가 똑같은 사고가 다시 반복되지 않을까 하는 우려가 든다.

따라서 오늘날 벌어지고 있는 모든 일들을 문명사적으로 바라볼 필요가 있으며, 필요하면 유사 이전의 시대까지 거슬러 올라가서 고찰해야 한다. 즉 이 시대의 패러다임 자체를 다시 한번 검증할 필요가 있다는 것이다. 더불어 욕망을 절제하여 현재에 만족할 줄 알아야 한다. 바꿔 말하면, 겸손하게 자연에서 배워야 한다는 뜻이다.

일상생활에서 무엇이 중요하고, 무엇이 욕망을 만들어 내는 가짜 가치인지를 구분할 수 있어야 한다. 이렇게 거꾸로 생각해 보면 자연 앞에서 인간은 좀 더 겸손해질 것이다.

합리성은 인간 사회의 일부분만
설명할 수 있을 뿐이다.

일하는 것과
사는 것

최근에는 사람들이 하나부터 열까지 손익을 따져 생각한다. 한마디로 비즈니스적인 사고에 사로잡혀 있다.

'이익일까, 손해일까?'

'효율적일까, 비효율적일까?'

현대 사회에서는 대학이나 병원, 간병 시설 같은 사회자본 시설까지 비즈니스적인 사고가 만연하다 보니, 합리적으로 전부 민영화해야 한다고 주장한다.

그러나 나는 인간 사회에서 기업은 한정적인 세계라는 것을 강조하고 싶다. 기업은 이윤 추구라는 명확한 목적을 가지고 있다. 즉 이익 공동체로서 존재하기 때문에 이윤 추구라는 목적 안에서 공동체의 규범과 가치가 정의된다.

나는 기업이 이익을 추구하는 공동체임을 부정하지는 않는다. 다만 그것이 한정적인 공동체임을 항상 염두에 두어야 한다고 생각한다. 그런데 의외로 많은 사람이 회사 생활을 오랫동안 하다 보면 회사의 규범이 곧 사회의 규범이고, 회사에서의 가치가 인간이 가져야 할 모든 가치라고 착각하게 된다.

앞서 언급했던 요시모토 다카아키의 '공동 환상'이라는 개념을 적용해서 생각하면, 회사에 속한 사람은 회사라는 공동체가 가진 환상에서 자유로울 수가 없다. 그러나 우리는 회사에서 한 발 벗어나 회사의 규범과는 다른 방식으로 거꾸로 생각해 보아야 한다.

회사에서 나이가 들고 비효율적인 노동자는 생산성이 떨어진다는 이유로 경시되며 구석자리로 밀려나는 경우가 있다. 그러나 고령자가 활기차게 살 수 있는 환경은 그 사회가 건전하게 존재하기 위한 중요 조건이라는 점을 잊어서는 안 된다.

에도시대는 인구가 늘지도 줄지도 않는 정체된 일본 역사상 드문 시기였다. 어쩌면 에도시대에는 효율적이거나 생산성이 높은 것을 최우선으로 여기지 않았을 지도 모른다. 오늘과 내일이 같고, 1년 뒤에도 지금과 같은 날들이 계속되리라고 여겨지던 시대에는 인간에 대한 관념도 지금과는 무척 다르지 않았을까? 그런 시대적 배경이 있었기에 호흡이 긴 문화를 꽃피울 수 있었을 것이다.

에도시대에는 주식회사 같은 조직이 없었다. 물론 길을 내거나 집을 짓고, 식기를 비롯한 생활 잡화와 장식품에 이르기까지 다양한 상품을 만들어 낸 시대였으므로 그것들을 생산하는 개인과 조직은 그 시대에도 존재했을 것이다. 그런데 당시에는 가문을 중심으로 한 장인匠人이 상품을 생산했다. 장인에게는 노동이 곧 삶이었다. 그들은 자신이 하는 일을 천직이라 여기고 일에 열중했다. 오늘날의 직업 시스템과는 전혀 다른 사고방식이다.

아이러니하게도 요즘 시대에 거꾸로 생각하기란 옛날 방식으로 생각하는 것일 수도 있다.

'하면 된다'는 정신론은
현실보다 허구에 근거를 둔다.

장인정신을 만든 시대

존경하는 소설가이자 일흔 살까지 주물공장에서 선반공으로 일했던 고세키 도모히로小関 智弘는 '일하는 것과 사는 것이 하나인 삶을 사는 방식'이라는 말을 했다. 그는 작가가 되고 나서도 선반공 일을 계속했다. 작가로서 일할 때도 '일하는 것은 무엇인가?'라는 화두를 놓고 치열하게 탐구했다.

2차대전 이후, 황무지가 된 도쿄에 많은 공장이 세워졌다. 도쿄 오타大田 구에는 9천여 개나 되는 공장이 생겼다. 대부분은 한두 명이 설립해서 가족 경영 방식으로 운영하는 소규모

공장이었다. 하지만 그 공장들은 일본의 고도 경제 성장을 떠받치는 데 크게 기여했다.

공장을 세운 사람들에게는 에도시대부터 이어져 온 장인정신이 박혀 있었다내 아버지도 그런 사람들 중 하나였다. 그들은 침식을 잊은 채 만드는 일에 몰두했다. 그야말로 토요일도 일요일도 없었다. 1년 365일, 매일 밤늦게까지 일해야 하는 날들이 계속되었다. 그렇다면 무엇이 그렇게 가혹한 노동을 하도록 만들었을까?

가족을 부양하기 위해서? 이게 첫 번째 이유였을 수도 있겠다.

아니면 언젠가는 많은 직원을 고용할 수 있는 큰 회사로 키우기 위해서? 과연 그럴까? 물론 회사 규모를 키우겠다는 생각이 없지는 않았겠지만, 9천여 개나 되는 회사 중 대기업으로 성장한 회사는 많지 않다. 대부분의 회사가 영세기업인 상태로 사업을 계속하고 있다. 그들은 현재까지도 일본 제조업의 밑바닥을 든든하게 받쳐 주는 역할을 하고 있다.

최근에 옛 시절의 향수도 느낄 겸 해서 오타 구의 히가시코지야東糀谷, 오모리히가시大森東 일대를 걸어서 찬찬히 둘러보았다. 정말 옛날 모습 그대로였다.

고세키 도모히로의 작품 중에 『적갈색의 마을錆色の町』이라는 제목의 책이 있다. 나는 거리를 걸어가면서 '아, 그렇지. 이게 바로 적갈색 마을의 풍경이지!'라는 생각이 들었다. 그 작품의 마지막 부분은 내게 깊은 인상을 남겼다.

> 어젯밤에 내린 비 때문에 처음으로 오동나무 꽃이 졌다. 산더미처럼 쌓여 있는 철 부스러기는 하룻밤 새에 붉게 녹이 슬어 있었다. 미지근한 바람이 창문에서 공장으로 들어오자 모테기茂木는 오랜만에 잊고 있었던 냄새를 맡은 것처럼 깊이 숨을 들이쉬었다. 봄이 되면 철마저 냄새를 풍겼다.
>
> - 『하네다우라 지도羽田浦地図』, 겐다이쇼칸現代書館, 2003년

'봄이 되면 철마저 냄새를 풍겼다'라는 표현을 나는 아주 잘 알고 있다. 어린 시절 내 친구 중에 아버지가 히가시코지야 부근에 있는 작은 공장의 사장인 아이가 있었다. 나는 그 친구와 둘이서 공장 주변을 돌아다니다가 "아, 철 냄새다."라고 말하

며 서로 마주보았던 기억이 있다. 공장 주변의 아이들은 모두 철 냄새를 맡으며 자랐기 때문에 그게 무슨 말인지 잘 안다.

그런데 이 작품이 나오키 문학상 후보로 올랐을 때, 한 심사위원이 "철은 냄새가 없다. 철이 냄새를 풍겼다는 표현은 지나치게 감상적인 게 아닌가?"라고 지적했다. 정확한 문장은 잊어버렸지만 확실히 그런 취지의 평을 했다. 그 심사위원은 추가로 조사해 본 후 "역시 철에는 냄새가 없다!"라고 공언했다.

물론 과학적으로는 철 자체에 냄새가 없을 수도 있겠지만, 나와 내 친구들은 철 냄새가 무엇인지를 잘 알고 있다. 선반공이라면 누구나 알고 있다. 그 냄새는 철 자체의 냄새가 아니라 철을 깎을 때 기름이 타면서 생긴 냄새일지도 모른다. 그래도 우리에게는 분명히 철 냄새였다. 철을 깎고 떨어진 부스러기를 '절분'이라고 하는데, 그것에 코를 갖다 대면 금세 철 냄새라는 것을 알 수 있다. 그 냄새는 우리 아버지들이 기름투성이가 되어 일하던 정경을 떠오르게 한다.

앞서 말한 '왜 그들은 그렇게 일에 몰두했을까?'라는 물음으로 돌아가자. 내가 보기에 그들에게는 일하는 것 외의 다른 삶은 애초부터 봉인되어 있었던 것 같다. 그렇게 열심히 일하면서 좋은 제품을 만들어 내는 일을 천직으로 여기며 살았다. 고세키의 표현에 따르면 '일하는 것과 사는 것이 하나인 삶'이 된 것이다.

일하는 것과 사는 것이 같아지면 대충대충 일할 수 없다. 장인으로서의 긍지가 대충 일하는 것을 용납하지 않는다. 일이 곧 삶이 된 시대가 거꾸로 생각해 보면 좋은 유산을 남긴 셈이다. 그러므로 우리에게 닥친 현실도 거꾸로 생각해 보면 우리가 미처 생각지 못한 이 시대의 가치를 만들어 내고 있을지도 모른다.

마초남의 사고방식을 버리고
거꾸로 생각하라.

경제는 만능키가 아니다

2014년에 『그 문제, 경제학으로 해결할 수 있습니다』[25]라는 제목의 책이 출판되었다. 이런 책이 나온 것은 경제학에 관해서, 또는 경제와 관련된 문제들에 대해서 그만큼 고민이 많아졌기 때문이라 생각된다.

전후 일본의 경제성장률 추이를 살펴보면, 일본 경제는 성장과 하락을 반복하면서 평균적으로 3년간 성장했다가 3년간

---

25) 유리 그니지와 존 리스트의 저서 『The Why Axis』의 일본어 번역본. 한국에서는 『무엇이 행동하게 하는가 : 마음을 움직이는 경제학』이라는 제목으로 출판되었다.

하락했다. 일반적으로 기업이 재고 조정을 위해 재고를 토해 내면서 설비 투자를 줄이는 기간에는 경제가 하락하고, 재고가 소진되어 다시 설비 투자를 늘리는 기간에는 경제가 성장했다. 이것이 반복되면서 경기 순환이 일어났다. 마치 톱질을 할 때 톱니가 나왔다 들어가기를 반복하는 것처럼 말이다.

따라서 이러한 경기 변동의 흐름을 해석해 금리를 조정하거나 공공 투자를 늘림으로써 경제를 움직여 온 것이다. 경제학자들은 대략 3년 정도의 기간을 설정한 후 그 기간에 일어난 일들을 연구해서 이런저런 처방을 내놓는다.

최근에는 금융과 환율이 경제에 강한 영향을 미치기 때문에 한 국가의 경제 현상만으로 경제를 분석하거나 예측할 수 없게 되었다. 또한 20~30년에 걸친 장기적인 경제 동향은 경기 순환이나 경제 정책만으로 설명할 수 없다. 하기야 그게 가능하다면 국가적 재정 파탄이나 리먼브라더스 사태 같은 일이 발생하지 않았을 것이다.

그러면 장기적, 초장기적인 경제는 분석할 수도 없고 설명할 수도 없다는 말인가? 그렇지는 않다. 역사학이나 인구통계

학, 문화인류학 등 장기적으로 문명을 분석하는 학문과 공동 연구를 하면 어느 정도까지는 예측할 수 있다.

나는 역사인구학의 이론을 참고하면서 『이행기적 혼란』이라는 책을 집필했는데 그때, 그동안 알지 못했던 놀라운 사실들을 발견했다. 예를 들면 단기적 경제 부양책이 인간 생활의 소중한 부분을 무시해 왔으며, 경우에 따라서는 오랜 기간에 걸쳐 쌓아올려진 가치를 뿌리째 뽑아버리기도 한다는 사실이었다. 또한 재래식 상점가를 철거하고 아파트를 지으면 단기적으로는 GDP를 올릴 수 있지만, 장기적으로는 지역 경제를 파괴한다는 것도 알게 되었다.

오늘날의 인구 감소 문제도 돈 문제로만 취급하는 한 해결하지 못할 것이다. 자녀 양육수당을 지원한다고 해도 그 돈으로 저출산을 막을 수 없다. 왜냐하면 경제적인 이유만으로 여성이 아이를 낳지 않는 것이 아니기 때문이다.

경제학으로 경제 문제를 해결할 수는 있지만, 인간의 삶의 문제는 경제학으로 풀지 못한다. 삶의 문제를 푸는 열쇠는 삶 속에 있다. 우리의 삶 속에 생존 전략이라고 할 수 있는 '살아가는 데 필요한 지혜'가 집적되어 있기 때문이다.

이 시대를 사는 사람이라면 자신의 삶을 돌이켜 보면서 그 속에서 자신도 모르게 습득된 생존 전략들을 거꾸로 찾아보면 어떨까? 의외로 좋은 생존 전략들을 발견할 수 있을 것이다.

비즈니스 사고의 한계

 공리적 사고에 지나치게 익숙해지면 모든 것을 손익 계산으로만 생각하게 된다. 다시 말하면, 세상의 모든 사물이나 일을 '손익 계산'이라는 기준을 적용해서 합리적으로 설명할 수 있다고 생각하게 된다. 그런데 언젠가부터 세상 모든 일을 공리적 사고로 판단하는 풍조가 확산되고 있다.

 대학의 본분은 목적을 정하지 않고 미래를 향해 생각하는 것이다. 그런데 대학에서 배우는 학문도 사회와 기업의 현실적 목적에 부합해야 한다는 사고방식이 확산되고 있다. 배우는 학생도 되도록이면 안정적인 대기업에 취직하거나 국가시험 합격에 유리한 환경을 갖춘 대학을 선호한다.

이제는 대학과 병원도 이윤을 추구하는 곳이 되었다. 물론 대학이나 병원, 사회복지 시설도 자본주의 체제 아래서는 시설 자체를 존속시킬 수 있도록 적자를 내지 않아야 한다. 하지만 대학이나 병원의 경영적인 측면은 시설이 존속하기 위한 필요조건이지 충분조건은 아니다. 사회적으로도 그런 시설이 이익을 창출하거나 설비 투자 확대에 집중하는 것을 경계한다. 그렇기 때문에 정부에서는 사회자본 시설 운영에 관한 각종 규제를 만들고, 세제 우대 조치를 허용한다. 그럼에도 불구하고 경제 성장을 위해서는 사회 자본을 매각하여 비즈니스 원리에 따라 운용해야 한다는 의견이 나온다. 그리고 이익을 내려면 경쟁 시스템을 적용해야 하는데, 그렇게 되려면 민영화가 최선이라고 주장한다.

이처럼 주객이 전도된 일들이 우리 사회 곳곳에서 벌어지고 있다. 심지어 지성인들마저도 손익을 기준으로 측정하려고 한다. 그 결과 인문학은 즉각적인 도움이 되지 않는다는 이유로 기피의 대상이 되었다. 이런 인식이 퍼지면 배우는 사람도 자신이 가진 지식의 양을 돈으로 환산할 수 있다고 여기게 된다. 그 결과 사회에는 자신의 상품 가치를 높이기 위해서 배운다는 풍조가 확산된다.

어느 시대든 사물을 공리적으로 바라보는 사고방식이 존재했고, 그것은 사회 발전의 원동력이 되기도 했다. 근대 사회에 이르러 나타난 입신양명주의가 그 전형적인 예다. 그러나 이런 생각은 자기 자신을 '상품'으로 본다는 점에서 비즈니스 사고로 볼 수밖에 없다. 하지만 비즈니스 사고는 자본주의 사회에서 살기 위한 필요조건이기는 하지만 충분조건은 아니다.

비즈니스 사고는 인간의 여러 가지 사고방식 중 하나이며, 합리성은 인간 사회의 일부분만 설명할 수 있을 뿐이라는 사실을 기억해야 한다.

인간은 남을 위해 살아갈 때
가장 큰 힘을 발휘한다.

이 시대에
필요한 생존 전략

요즘은 급격한 도시화로 인해 산촌과 농촌이 줄어들고 있다. 사실 예전에는 농어촌 주민들이 굳이 세상에서 무슨 일이 일어나는지 신경 쓰지 않고도 잘 살았었다. 시골 생활은 국가 경제 같은 거대한 경제와는 큰 상관이 없었기 때문이다.

물론 국가의 농수산 정책은 생활에 중대한 영향을 끼친다. 하지만 시골에 사는 사람들에게 국가 정책은 천재지변 같은 것이어서 일상생활에 직접적인 지장이 없었다. 자신들의 영역 안에서 통용되는 공동체의 규범만 지키면 아무런 문제가 없었다. 그들의 생활 방식 속에 이미 삶의 지혜가 집적되어 있었기 때문이다.

일본의 재야 사상가 우치야마 다카시內山 節는 군마群馬 현의 산촌에서 살면서 민속지적民俗誌的[26] 연구를 하고 있는데, 그가 소개한 풍속 중에 '산에 들어가기'라는 것이 있다. 산촌 공동체에서 도저히 살 수 없을 만큼 형편이 어려워지면 산에 들어가는 풍습으로, 슈겐도修驗道[27]의 산림 수행에서 유래했다고 한다.

산에 들어가는 사람이 있을 때, 마을 사람들은 그 사람에게 된장을 나누어 준다. 그러면 그 사람은 된장을 가지고 산에 들어간다. 산에 들어가면 나무열매나 버섯 등을 채취해서 목숨을 이어갈 수 있기 때문이다. 흥미롭게도 '먹고 살 수 없으면 산에 들어가면 된다'는 말이 지금도 남아 있다고 한다.

이러한 풍속은 그 공동체가 존속하기 위한 생존 전략인데 어떤 의미에서는 잔혹하다. 공동체를 파괴하지 않기 위해 낙

---

[26] 해당 지역 사람들의 시선으로 바라보며 풍속을 연구하는 기법.
[27] 일본의 원시적인 산악 신앙과 밀교가 혼합된 종파.

오자에게 된장을 주어 산으로 들여보내니 말이다. 그러나 한편으로는 돈이 있어야만 생존할 수 있는 화폐 경제 시스템과 다른 유형의 경제 시스템을 적용함으로써 낙오자의 생존을 확보해 주는 측면도 있다.

아직 도시화가 되지 않은 곳에는 이와 유사한 상호 교환적 경제 시스템이 많이 남아 있다. 그런 곳에서는 약육강식의 화폐 경제가 아닌 상호 교환적 경제가 적용된다.

앞으로 일본에는 노인이 넘쳐날 것이다. 분명히 얼마 안 가서 그렇게 된다. 지금도 65세 이상인 사람들이 3천3백만 명이나 된다. 낮에 거리를 걷고 있으면 여기저기에 새로 생긴 데이케어 시설을 볼 수 있고, 노인을 그런 시설에 태우고 갔다가 집으로 돌려보내는 차량들이 눈에 띈다. 얼마 전까지만 해도 전혀 볼 수 없었던 광경이다. 그러나 앞으로 10년 뒤에는 이런 현상이 더욱 심해질 것이다.

2035년쯤에는 1947년에서 1949년 사이에 태어난 8백만 명의 단카이 세대団塊世代[28]가 하나 둘 퇴장하기 시작한다. 지금도 꽉 들어찬 병원이 그때는 마비 상태가 될 것이다. 이런 현상은 이미 정해진 수순이다. 현재 65세 인구는 85세 인구에 비해 3배나 많다. 따라서 현재 65세 인구가 85세가 되는 20년 후에는 노인의 수가 급격히 증가할 것이다. 여기저기서 장례식 치르는 광경을 일상적으로 보게 될 지도 모른다.

우리는 그런 나라에 살고 있다는 것을 머릿속에 분명히 입력해 두어야 한다. 정부가 내건 경제 성장 전략이나 글로벌 인재 육성, 물가 안정 목표제, 집단적 자위권 행사 등 소위 부국강병을 위한 정책이 현재 진행되고 있는 정황과 균형이 맞지 않다고 생각하지 않는가?

현 정부는 툭하면 국내 생활에 안주하지 말고 해외 취업이나 유학에 도전해서 글로벌 경쟁력을 높여야 한다고 주장한다. 하지만 현실을 들여다보면 이러다가는 국내 생활에 안주하는 정도가 아니라, 노인들이 땅바닥만 쳐다보며 동네를 배

---

28) 1947~1949년 사이에 태어난 일본의 베이비 붐 세대를 가리키며, 1970년대와 1980년대 일본의 고도 성장을 이끌어 낸 세대이기도 하다. 일본 경제기획청 장관을 지낸 경제평론가 사카이야 다이치의 소설 『단카이 세대』(1976년)에 처음 등장해 인구사회학적 용어로 정착되었다.

회하는 상황이 벌어질지도 모른다. 이것은 가상이 아니라, 이미 수년간 일본 각지에서 쉽게 볼 수 있게 된 광경이다.

이 점을 염두에 두고 국가는 어떻게 해야 하는지, 개개인은 어떻게 생존 전략을 세워야 하는지, 어떻게 하면 노인이 넘쳐나는 상황에서도 즐겁게 웃으며 살 수 있는 마을을 만들 수 있는지를 생각해야 한다. 그러나 정치가는 깊이 있는 생각을 하지 않고, 기업은 정치가보다 더 생각하지 않는다. 왜냐하면 노령화 현상은 전대미문의 일이기 때문이다.

전례를 답습하는 식의 정치가는 전례 없는 일이 생겼을 때 대담한 발상을 할 수 없다. 기업도 자신들이 살아남기 위해 필사적으로 글로벌 전략에 의지하려고 할 뿐, 노인 문제를 국가 차원의 문제로 생각하려 들지 않는다. 젊은 저임금 근로자를 해외에서 데려오거나 이민을 허가해 주는 방법으로 해결하려고만 한다.

이처럼 인류 문명사에 남을 만한 큰 문제 앞에서 정치와 경제가 할 수 있는 일은 한정되어 있다. 하지만 상식에 비추어 생각하면 답은 금방 보인다. 인구가 감소하고 고령화가 진행되는 상황에서 성장 일색의 확대 전략은 효과를 기대할 수 없다. 그러므로 유럽 선진국들 중 일부가 그랬던 것처럼 성장률을 조금씩 축소시켜서 사회 계층 간의 격차나 빈곤 문제가 일어나지 않도록 사회적 자본을 탄탄하게 구축해야 한다. 물론 단카이 세대가 퇴장할 때까지는 이행기적 혼란이 계속될 것이다. 이것은 피할 수 없는 일이다.

현재의 혼란기를 극복하는 열쇠는 국민 한 사람 한 사람이 생존 전략을 실행하여 사회에서 공동체적인 상부상조가 이루어지도록 하는 것이다.

마초남의 사고방식

상부상조나 사회자본이라는 개념이 비즈니스 개념과 다른 이유는 증여 경제적 사고에서 나왔기 때문이다. 상품 경제와 교환 경제는 빠른 속도로 자본을 회전시켜서 이윤을 만들어 내는 것이 목적이므로 '더 빠르게, 더 많이, 더 강하게'를 최우선 가치로 여긴다. 그런데 그렇게 하면 필연적으로 세상은 마초화된다.

앞에서 이야기했던 소설가 다니자키 준이치로는 전쟁 중에도 『세설』이라는 작품을 쓰다가 판매금지 처분을 받았지만, 작품 활동을 포기하지 않았다. 소설가 다카하시 겐이치로高橋源一郎는 이와 관련해서 무척 재미있는 해석을 했다.

전쟁은 관동 지방 출신 사내의 남자답고 대범한 가치관 속에서 일어난다. 그러나 일본 문화의 참모습은 교토京都나 오사카大阪 같은 관서 지방에서 찾을 수 있다고 말이다. 부드럽고 섬세하다고 할까. 그는 오히려 여성적이고, 밝고 화사한 서쪽 문화가 일본 문화의 실제 모습이라고 해석했다.

그는 또 『세설』은 여성적인 서쪽 문화를 묘사함으로써 다니자키가 시대에 대한 저항 정신을 표현한 작품이라고 했다. 그의 해석을 읽고 과연 다카하시다운 분석이라는 생각이 들었다.

'하면 된다, 진격하라, 일억 개의 불덩어리여, 적을 쏴서 멸망시켜라' 등 전쟁 중에 내걸린 표어는 사내의 기개를 보여주는 전형적인 예다. 그런데 지금도 이런 사고방식에서 온 표현을 쉽게 볼 수 있다. 특히 비즈니스 분야에서 현저하게 나타난다. 유니클로 사장이 내걸었던 '성장이냐, 아니면 죽음이냐'라는 표어가 그렇다. '가난한 것은 본인의 책임', '열심히 일할 의

욕이 없으니까 취직이 안 되는 거다' 같은 말도 마찬가지다. 일종의 정신론이다.

나는 오늘날 일본인들이 냉정하고 잔인한 사고를 한다고 생각했는데, 이제 보니 오래전부터 그런 면이 존재했던 것 같다. 아무튼 비즈니스 분야에서 회사를 더 크고 강하게 만들어 세계로 도약하자는 발상은 대단히 마초적인[29] 사고방식이다. 그에 비해 선대로부터 물려받은 상점을 지킨다거나 소박하지만 견실하게 운영하자는 발상은 모성적 사고방식이다.

물론 이런 것은 사람들이 느끼는 인상에 불과하다. 하지만 왜 그런 인상을 받는지에 대해서는 생각해 볼 가치가 있다. 그 이유 중 하나가 마초적인 사고방식, 즉 '하면 된다'는 현실보다 허구에 근거를 둔 정신론인 것이다. 이러한 정신론보다 실제로 가정을 지키는 여성이 더 현실적으로 생각하지 않을까?

자기 멋대로 허구를 만들고는 그 허구에 자신을 옭아매는

---

[29] '마초(macho)'는 스페인어로 '남자'를 의미하며, 라틴아메리카에서는 남성적인 매력이 강한 남성을 표현할 때 쓰기도 한다.

경향은 2차대전을 일으켰던 대본영大本營[30]만이 아니라, 군부의 사고방식에 그대로 드러났다. 그 당시 전투에서 패배하고 있는데도 승리하고 있다고 보고한 것에서 그런 경향을 찾을 수 있다. 절대로 패배하지 않는다는 주관적인 생각이 돌이킬 수 없는 지경으로 전황을 악화시켰던 것이다. 그 당시 일본군 병사 중 상당수는 굶어 죽거나 영양실조로 죽었다.

2차대전 당시에 현실을 직시하지 않는 정신론이 얼마나 기승을 떨쳤는지 알 것 같지 않은가? 본인들은 인정하지 않겠지만, 정신론은 자존심만 강한 어린애 같은 발상이다. 그래서 현실적으로 판단하지 못하고, 자기가 바라는 것들이 실제로 존재한다고 생각한다.

군국주의 시대의 정신론이 현대 사회에서도 반복된다고 보일 때가 있다. 오늘날의 일본은 성숙기를 지나 성년기의 국가로 나아가야 하는 시기에 접어들었는데도 여전히 개발도상국 단계의 경제 전략을 세우고 있고, 지난 70년간 지켜 온 평화주

---

[30] 2차 대전 중에 설치된 일본제국의 육군 및 해군 최고 지휘부.

의를 버리고 패권국가의 길로 나아가려고 시도하고 있다.

나는 성숙한 국가에서는 자존심보다는 자식과 배우자를 먼저 걱정하는 모성적 사고를 하는 것이 옳다고 생각한다. 허구적인 정신론에 근거한 마초남의 사고방식을 버리고 거꾸로 생각해 보라.

우리는 망설이고 고민하는
경험을 통해서 성장한다.

기존의 패러다임에서 빠져나오기

이쯤에서 잠시 화제를 바꿔 인간관계에 대해 이야기해 보겠다. 서점에 가보면 '인간관계를 만드는 법'에 관한 책이 많이 있다. 하지만 내가 이야기하려는 인간관계에 대한 고찰은 그런 것들과는 정반대다. 나는 원론적인 관점에서 '인간관계란 무엇인가?'라는 문제에 대해 이야기하고자 한다.

인간관계를 만드는 법에 관한 책처럼 '노하우'라는 관점에서 생각하면, 인간관계는 화폐와 같은 도구로서의 의미가 된다. "어떻게 하면 돈을 모을 수 있을까요?", "깊이 있는 인간관계를 맺으면 어떤 이득이 있나요?"라고 묻는 것처럼 말이다.

화폐와 같은 의미로 인간관계를 생각하면 인간관계를 '합리적 손익 계산'이라는 범주에서만 생각하게 된다. 예를 들어 자신에게 합리적 이득을 주는 것은 돈이고, 돈을 벌기 위해서는 인간관계가 필요하다는 식으로 생각하는 것이다. 여기서 더 나아가면 손해를 보지 않으려고 인간관계를 이용한다.

인간관계에서 가장 중요한 점은 합리적 이득을 추구하는 사고에서 벗어나는 것이다. 진정한 의미에서의 인간관계는 '나'라는 인간을 어떻게 생각하느냐의 문제와 같다. 그래서 인간관계를 이해하지 못하면 '나'라는 존재도 이해하지 못한다. 그러려면 현재의 화폐 경제적 패러다임에서 인간관계를 생각하지 말고 다른 패러다임으로 접근해야 한다. 그런데 패러다임을 바꾸려면 인간에 관한 모든 것이 합리적인 사고만으로는 순조롭게 풀리지 않는다는 점을 인식해야 한다. 복잡계의 문제이기 때문이다.

우리는 화폐 경제와 교환 경제 시스템에서 살고 있다. 다른 패러다임으로 생각한다는 의미에서 '증여 경제 시스템'이라는 패러다임으로 대체한다면 어떻게 되는지 생각해 보자. 이야기가 엉뚱한 곳으로 튄다고 생각하겠지만 구체적인 예로써 내 경험을 이야기해 보겠다. 내가 아버지를 간병하며 느꼈던 일이다.

나는 2009년부터 동일본대지진이 일어난 2011년 봄까지 2년 동안 아버지와 어머니를 간호했다. 어머니는 손쓸 틈도 없이 돌아가셨지만, 아버지를 간호하는 일은 무척 힘들었다. 처자식과 떨어져 나 혼자 본가에 들어가서 매일 식사를 준비하고, 빨래하고, 목욕시켜 드리는 일을 1년 반 정도 했다.

간병을 시작하기 전까지 요리를 해본 적이 없었지만, 어깨너머로 배운 솜씨를 발휘해 매일 아침저녁으로 여러 가지 음식을 만들었다. 회사에서 퇴근하는 길에 슈퍼마켓에 들러 식재료를 사고, 인터넷으로 레시피를 검색하여 음식을 만드는 일이 점점 즐거워졌다. 아버지가 내 음식 솜씨를 칭찬해 주시거나 드시고 싶은 음식을 말씀해 주실 때는 더 열심히 만들었다.

결국 아버지마저 돌아가신 후, 한동안 멍한 상태로 지내다가 집으로 돌아가지 않고 본가에 서재를 만들어서 독신 생활을 시작했다. 그동안 열심히 익힌 요리를 직접 해먹지도 않고, 거의 매일 외식을 했다. 혼자 지내는 동안, 인간은 자신을 위해 살아가는 것이 아니라는 걸 절실히 느꼈다.

아버지를 간병하기 전에는 요리를 한 적이 없었는데, 내가 만든 음식을 기뻐하며 드시는 아버지를 위해서는 기꺼이 요리를 했던 것이다. 이것은 커다란 발견이었다. 나를 기다려 주는 사람이 있기 때문에 고단한 매일을 견딜 수 있는 것처럼 말이다. 이런 것을 자아실현 내지는 자기 결정이라고들 하지만, 그건 아니라고 생각했다. '자기 책임'이라는 말도 사기가 아닐까?

인간은 자신을 위해서가 아니라 남을 위해 살아갈 때 가장 큰 힘을 발휘할 수 있는 존재다. 내가 직접 경험하기 전까지는 몰랐던 점이었다. 나는 그 이유를 찾기 위해 문화인류학자 마르셀 모스Marcel Mauss[31]가 저술한 『증여론贈與論』을 꺼내 읽었는

---

31) 프랑스의 종교사회학자 겸 인류학자로서 원시 부족 사이에서 이루어지는 선물 혹은 증여의 문화를 연구했다. 그는 선물(증여)의 교환 관계에서 중요한 요소는 주는 것과 갚는 것이 균형을 이루는 것이라고 했다.

데, 내가 했던 행동이 어느 정도 수긍이 갔다. 내가 한 일은 증여내가 받은 것에 대한 답례였다.

아버지를 간호하기 전까지 나와 아버지는 줄곧 소원한 관계였다. 그래서 가족이 식탁에 둘러앉아 대화를 나눈 것은 어릴 적 이후로 처음이었다. 아버지와 어머니에 관한 이야기도 드문드문 나누었다.

나는 부모님이 있기에 이 세상에 존재할 수 있었다. 물론 부모님과 뜻이 맞지 않아 소원한 관계로 지내기도 했지만 사실 그 어긋남은 대단한 문제가 아니라는 생각이 들기 시작했다. 그리고 나와 아버지는 무척 닮았음을 실감했다.

생각해 보면 부모님은 항상 나에게 무상의 증여를 베풀었다. 하지만 그 증여에 답례를 해야 한다는 생각은 한 번도 해본 적이 없었다. 그런데 마르셀 모스는 답례가 의무라고 했다. 부족 사회에서는 답례를 목숨을 바쳐서라도 지켜야 하는 의무로 여겼다.

'왜 상복을 입는 풍습이 남아 있을까?'
'왜 부모를 간호해야 한다는 마음이 드는 걸까?'

이런 의문의 답을 찾은 것 같았다. 가장 중요한 것은 인간의 생과 사를 이전과는 다른 형태로 받아들이게 되었다는 점이다. 인간의 생애는 70~80년 정도에서 막을 내린다.

예전에는 죽음을 생각하면 이 세상에 더 이상 존재할 수 없다는 불안감이 들었지만, 지금은 내가 죽어도 나와 관계있는 젊은이들이 내가 쓴 책이나 강연, 내가 행한 일들에 대한 기억을 이어받으리라고 생각한다. 내가 아버지를 어딘가에서 이어받은 것처럼 말이다.

인류 역사에서 보면 한 인간이 살아 있는 시간은 하나의 점에 지나지 않는다. 그러나 '나'라는 인간의 역사 기록지에는 지금의 나도 분명히 그려져 있다. 인간은 한 사람이 태어나고 죽을 때까지의 시간 속에서 끝나지 않는다는 말이다.

나는 아버지 간병을 통해서 인간은 생각만큼 자신을 위해 살지 않는다는 것을 알 수 있었다. 인간관계를 기존의 패러다임에서 빠져나와 거꾸로 생각해 보라.

LIFE

3
거꾸로 봐야 보이는 인생

학문은 철저하게
묻는 행위에서 탄생했다.

자신의 한계를 안다는 것

나는 환갑이 지난 후부터 모든 일을 예전과 다른 방식으로 생각하게 되었다. 가장 큰 변화는 시간 감각이다. 젊은 시절에는 시간이 아주 많다고 여겼기 때문에, 나에게 남겨진 시간이 얼마나 되는지에 대해서는 생각하지도 않았다.

그런데 환갑이 지나면서부터 등산을 할 때는 앞으로 몇 번이나 더 이런 즐거움을 맛볼 수 있을지, 뭔가를 배우러 다닐 때는 앞으로 얼마나 더 배움을 계속할 수 있을지를 생각하게 되었다. 내 인생의 마지막 날에서 오늘까지 남아 있는 시간을 생각해 보게 된 것이다. 이것이 젊었을 때의 사고방식과 가장 많이 달라진 점이다.

인간이 영원히 살 수 없다는 것을 알게 된 순간 '한계'라는 것이 시야에 들어오기 시작한다.

나는 가라테를 30년 이상 배웠는데, 젊은 시절에는 무조건 강해지고 싶어서 열심히 연습했다. 그래서 최고 단증까지 취득했지만 환갑을 넘기면서 강해지는 일에 더 이상 흥미를 느끼지 못하게 되었다. 사실 강해지려고 해봐야 강해질 턱도 없지만 말이다.

강해지고 싶은 마음은 연약한 자신의 육체를 강하게 만들어서 다른 사람을 압도하고 싶은 욕망에서 나온다. 그 욕망은 정부가 경제를 성장시켜서 강한 국가를 만들겠다는 생각과 똑같다. 자신이 진보하고 있음을 확인하고 싶은 바람이랄까. 아무튼 자기 확대가 목적이었다. 신체적, 물리적으로 자신의 능력이 확대되면서 자아도 함께 확대된다.

하지만 사람은 환갑을 넘기면 육체가 더 이상 강해지지 않는다는 사실을 깨닫는다. 나 역시 육체의 한계를 인식하면서 가라테 연습에 대해 달리 생각하게 되었다. 강해지고 싶은 목적은 사라졌고, 가라테 연습을 하는 것과 살아가는 것이 다르지 않음을 느끼게 되었다. 가라테 연습은 살아가는 일상 속의 한 부분이라는 점에 의미가 있을 뿐이다.

그런데 많은 사람들이 나이를 먹을 만큼 먹었는데도 여전히 자아를 확대하고 더 강해져서 존경받고 싶어 한다. 본인은 아직 반환점을 향해 달리는 중이라고 생각하겠지만, 주변에서 보면 정신과 신체의 균형을 잃고 있음이 그대로 드러나 조금 우스꽝스럽게 보인다.

사실 40대나 50대는 환갑을 넘기기 전까지는 자신에게 남아 있는 시간을 생각해 보지 않는다. 40~50대는 인생의 반환점을 향해 나아가고 있는 시기이기 때문이다. 그러나 환갑이 지나면 자기 자신이나 삶에 대해 거꾸로 생각해 보게 된다.

문학은 현실이 최후까지
저항할 거점이다.

읽어야 할 책과
읽지 않아도 되는 책

2014년에 『귀로의 철학 - 그래도 이야기할 만한 인생』[32]이라는 책을 출판했다. 반환점을 꺾고 돌아올 때 보이는 풍경은 반환점을 향해 갈 때와 똑같을 텐데 다르게 보인다. 이 점을 생각하면서 쓴 책이었다.

그렇다면 도대체 뭐가 다르다는 말인가?

---

32) 히라카와 가쓰미(平川克美), 『復路の哲学ーされど、語るに足る人生』, 야간비행(夜間飛行), 2014년

한마디로 말할 수가 없어서 다양한 장면을 묘사하는 방식으로 글을 썼다. 다양한 장면을 보여주고 나서 '보세요, 다르죠?'라는 느낌을 독자들과 공유하고 싶었다.

나는 젊은 시절에 분야를 가리지 않고 책을 읽었다. 뭐든지 다 읽고 싶었다. 특히 비즈니스 분야에 관심이 있어서 비즈니스 책은 꽤 많이 읽었다. 하지만 지금은 내가 읽어야 할 책과 읽지 않아도 되는 책을 확실하게 구분할 수 있다. 책을 읽는 데는 꽤 많은 시간이 소요되는데, 내 여생을 고려할 때 수천 권의 책을 읽을 수 없기 때문에 읽어야 할 책과 읽지 않아야 할 책을 선택해야 한다. 나는 책의 생김새로 읽지 않아도 되는 책을 가려낸다. 확고한 기준이 있는 것은 아니지만, 책의 생김새로 구분할 수 있다.

최근에는 앞서 언급했던 우치야마 다카시의 책을 읽고 있다. 처음 몇 장을 넘겼을 때, 이건 꼭 읽어야 하는 책이라고 생각했다. 고등학교를 졸업한 뒤 독학으로 공부한 그는 자신의 책에서 철학적 고찰에 관해 이야기했다. 나는 그의 책을 보면서 '아, 이런 식으로도 글을 쓸 수 있구나!' 하고 감탄했다. 작가의 깊이 있는 사고가 느껴졌다. 이런 책은 만나기 힘들다.

    책을 읽으면 작가와 함께 생각하게 되는데 그 과정이 나를 미지의 세계로 인도한다. 사실 한 책 안에는 오랜 시간에 걸쳐 축적된 선인들의 사고가 반영되어 있기 때문에 작가 혼자만의 생각이 아니다.

    작가 자신의 관념만 늘어놓은 책은 일종의 자위행위나 마찬가지이므로 굳이 읽지 않아도 된다. 그러나 역사적 사실을 근거로 삼고 자신의 생각을 심화시킨 책은 꼭 읽고 싶어진다.

지성이 순조롭게 작동할 때
인간은 자만하지 않는다.

거꾸로 생각하게
하는 책

 내가 읽지 않아도 된다고 생각하는 책은 생각의 흔적이 없는 책이다. 예를 들면 '외국에서는 이렇게 합니다.', '이렇게 하면 잘 됩니다.' 같은 문구가 쓰여 있는 책이다.

 책에 저자의 논리적 사고가 없는 책은 지식 안내서에 불과하다. 예를 들어 요리책은 요리를 하고 싶은 사람이 참조하기에는 실용적이지만, 맛있는 요리를 먹고 싶은 사람에게는 의미가 없다.

 한때 비즈니스 분야에서 '전략서'라는 책이 유행했다. 첨단 비즈니스를 주도하는 미국에서는 이런 책이 잘 팔린다고 소개하는 책들이었다. 그중 상당수는 전략 결정을 위한 프레임워크 구조 및 규칙 또는 맵 등가 쓰여 있었다. 그런 프레임워크를 만든 사람의 사고 프로세스에서는 배울 점이 있다고 생각한다. 하지만 프레임워크를 단순히 하나의 도구로 소개하고, 그것을 활용하면 좋은 전략을 짤 수 있다는 건 말이 안 된다. 결과만 가져와서 최신 사고 프로세스라고 소개하는 책을 읽고 따라한들 잘 될 리가 없다. 그런데 비즈니스 책 중에 그런 책이 많은 것 같다.

한편 마르크스는 앞 세대인 애덤 스미스나 데이비드 리카도 같은 사람들의 경제 이론서를 읽었을 것이다. 그와 동시에 헤겔의 사고를 공부하여 상품 경제 세계를 어떻게 이해하고 설명할 수 있는지를 깊이 있게 생각했을 것이다. 그래서 '경제 철학'을 논한 『자본론』에는 마르크스의 깊이 있는 사고의 흔적이 그대로 묻어난다.

예를 들어 마르크스는 '가치란 무엇인가?', '가치는 어떻게 해서 생겼는가?', '가치는 어떤 형태를 띠는가?'라는 질문에 대해 명확한 정의를 내렸다. 이것이 바로 가치형태론[33]이다. 젊은 시절부터 자연철학을 연구한 마르크스는 자연철학을 논하듯이 경제 현상도 논할 수 있었던 것이다. 그렇기 때문에 마르크스는 수단으로만 여기던 '돈'이라는 존재의 본질, 가격과 가치의 관계 등에 관해 고찰할 수 있었다.

한 명의 위대한 사상가가 어떤 사고 프로세스를 거쳐 해당 문제를 생각했는지를 들여다보지 않으면, 그 사람의 사상이 담긴 책을 읽었다고 할 수 없다. 마르크스가 도달한 결과만 추려내서 유물사관을 해설하면 의미가 없다는 말이다. 마르크스가 어떻게 생각하고, 어떤 결론을 도출했는지를 알려면 마르크스가 쓴 책을 읽는 수밖에 없다.

더불어 '자신을 찾는 것에 관한 책'에 대해 이야기 해보자.

자신을 찾는 것에 관한 책은 처음부터 결론이 나와 있기 때문에, 어떻게 해야 할지 몰라서 망설이는 사람에게 나아갈 방향을 제시해 준다. 그러나 스스로 생각할 수 있도록 힌트를 주는 것이 아니라, 아예 생각하지 않아도 된다고 말한다. 그런 책

---

33) 가치를 노동시간으로 확정하고, 노동시간이 변해 가는 과정을 '가치형태론'이라고 한다.

은 바보가 되면 마음이 편해진다고 말하는 것과 같다.

이 책의 서문에서도 썼지만, 우리는 망설이고 고민하는 경험을 통해서 성장한다. 망설이고 고민하는 것과 살아 있는 것은 같은 의미이기 때문이다.

소설가 리비 히데오リービ英雄의 책은 몇 번을 읽어도 놀라움을 경험한다. 마치 작가의 숨소리가 들려오는 것 같아서 읽고 있는 사람의 숨이 가빠질 정도다. 그의 책을 읽으면 고독이란 무엇이고, 나는 무엇인가를 생각하게 된다.

미국에서 출생한 리비는 일본어를 모국어로 두지 않았음에도 일본 문학 연구자가 된 작가다. 그 후 일본에 살면서 미국인도 아니고 일본인도 아닌 자신의 모습을 강하게 의식하게 되었다. 그로 인해 리비는 일본과 미국 모두에게 버림받은 듯한 경계선에서 일본을 다시 바라볼 수 있었다. 리비는 그러한 경계선에서 『만요슈萬葉集』[34] 등을 연구하며 일본인들이 간과했던 미美의 세계를 선명하게 그려내는 데 성공했다.

안쪽에서도, 바깥쪽에서도 보이지 않는 것이 경계선에서는 잘 보인다. 리비의 책을 통해서 독자들은 '볼 수 있었지만 보지 못했던 것'을 보는 새로운 경험을 한다. 이처럼 우리가 익히 아는 것도 다르게 보도록 도와주고, 거꾸로 생각해 보도록 자극하는 책을 읽어야 한다.

---

34) 8세기 중반에 편찬되었으며, 일본에서 가장 오래된 시가집(詩歌集)이다. 4,536수의 작품이 수록되어 있다.

지성의 본질은 고뇌하고
멈춰 서는 것이다.

밑줄을
칠 수 있는 사람

언젠가 이런 생각이 들었다.

'첫 책을 쓰면서 한 일은 나와 관련된 일에 대해 다시 한 번 어린애 같은 질문을 한 게 아니었을까?'

어렸을 때 공부를 싫어했던 나는 이런 질문을 자주 했었다.

"왜 공부를 해야 하죠?"

부모님은 무슨 말을 해야 할지 난처했을 것이다. 하지만 나만 그런 질문을 했던 건 아니지 싶다. 지하철을 타고 가다 보면 어린아이가 "저게 뭐야?", "그럼, 이건 뭐야?"라고 부모에게 질문 공세를 펴는 광경을 종종 보게 된다.

그런데 언제부턴가 우리는 그런 질문을 하지 않게 되었다. 모르는 게 많은데도 마치 다 아는 것처럼 행동하는 것이다. 어른이 된다는 것은 이처럼 아이 때의 질문을 잊어버리는 것이다. 더 이상 질문을 하지 않아도 살아갈 수 있기 때문일까? 아니면 일일이 생각하다가는 바쁜 현실을 이겨낼 수 없기 때문일까? 물론 일일이 묻지 않아도 살아갈 수는 있다. 하지만 질문을 통해서만 보이는 것이 있음을 잊지 말아야 한다.

아이는 궁금한 게 있으면 "이게 뭐야?"라고 묻는다.

"이건 당근이야."

"왜 이걸 당근이라고 불러?"

난처해진 어른은 적당히 대답한다.

"이건 무가 아니라 당근이라고 정해져 있는 거야."

그러면 아이가 또 묻는다.

"왜 그렇게 정했어?"

어른은 할 수 없이 또 대답한다.

"이름이 없으면 무와 당근을 구별할 수 없어서 그래."

그러면 다시 아이가 되묻는다.

"그럼, 우엉이라고 해도 돼?"

결국 어른은 시끄러우니까 조용히 하라고 언성을 높인다.

이처럼 언어의 기원을 연구하는 학문은 철저하게 묻는 행위에서 탄생하지 않았을까 싶다. 아이가 의문을 가지고 묻는 것은 눈에 보이고, 귀에 들리는 모든 것들에 계속 밑줄을 치는 행위다. 인간은 질문을 계속함으로써 조금씩 성장하고 하나의 세계관을 구축한다.

아이는 실제로 소리 내어 질문하지는 않아도 자기 주변에 펼쳐진 모든 사물에 대해 의문을 가지고 스스로 생각한다. 그리고 무엇과 닮았는지를 찾아낸다. 그러는 동안 조금씩 사물의 윤곽이 명확해진다. 그렇게 해서 세계관이 구축되면, 그 '세계관世界觀'이라는 필터를 통해 사물을 바라보게 된다. 그 결과, 우리는 어릴 적 생기에 찬 질문 방법을 잊어버린다.

나는 생각하는 행위는 '답을 찾으려고 하는 게 아니라, 마음에 걸리는 사안에 밑줄을 치는 것'이라고 말한 적이 있다. 그런데 내 친한 벗인 우치다 다쓰루도 같은 말을 했다. 이 말의 의미를 잠시 짚고 넘어가자.

예를 들어, 책을 읽는다고 하자. 책을 읽으면서 밑줄을 치기도 하고, 포스트잇을 붙이기도 한다. 그럴 때 어떤 구절에 밑줄을 칠까? 보통은 자신이 전혀 모르는 부분에 밑줄을 치지는 않는다. 모르는 부분은 마음에 와 닿지 않기 때문에 그냥 넘어가는 것이다. 그렇다면 자신이 완전히 알고 있는 부분에는 밑줄을 칠까? 그렇지도 않은 것 같다. 왜냐하면 '당연한 것'이라고 생각하기 때문이다.

그러면 대체 어떤 부분에 밑줄을 칠까?

그것은 바로 '전혀 모르지도 않지만, 이미 아는 것도 아닌 부분'이다. 예를 들면 자신이 평소 막연하게 알고는 있었지만 말로 표현할 수 없었던 생각이 있는데, 그것을 잘 표현한 부분 또는 자신이 당연하다고 생각한 것과 전혀 다른 견해가 제시된 부분이 아닐까?

사람은 깨달음을 느끼는 문장과 마주쳤을 때 밑줄을 친다. 즉 자기 내면에 이미 존재하지만 아직 온전히 자기 것이 되지 않은 문장에 밑줄을 치게 되는 것이다. 나는 이것을 아직 태어나지 않은 언어라는 의미에서 '미생未生의 언어'라고 부른다. 이처럼 생각하는 것은 앞으로 태어날 언어에 감응하는 행위이다.

그러므로 생각하는 행위는 이미 알고 있는 것을 확인하는 작업이 아니다. 미생의 언어 앞에 멈추어 서서 그 언어가 모습을 드러내기를 기다리는 것이다.

근본적으로 나쁜 사람도 없고,
천성적으로 선한 사람도 없다.

최후까지
현실에 저항할 거점

'문학은 굶주린 아이 앞에서 무엇을 할 수 있는가?'

철학자 장 폴 사르트르Jean Paul Sartre가 문학계에 논쟁을 불러일으킨 말이다. 그가 문학을 폄훼할 의도로 이런 말을 한 것은 아니었다. 그 당시 정치 상황의 맥락에서 생각하면 비아프라Biafra[35]의 굶주린 아이들 앞에서 문학이 할 수 있는 일은 아무것도 없었다.

---

35) 1967년 5월 30일부터 1970년 1월 15일까지 존립했던 아프리카 국가. 1967년 나이지리아 남동부의 동부 주가 분리 독립을 선언함에 따라 수립된 이그보(Igbo)족 중심의 국가였다.

사르트르의 문제 제기에 대해 프랑스의 비평가 리카르도는 이렇게 말했다.

"그 비참한 상황에 대한 상상력과 판단력을 키우기 위해서 문학 교육이 필요하다."

하지만 사르트르는 이미 그 점을 알고 있는 상태에서 굳이 문제를 제기했다. 사르트르는 이렇게 생각하지 않았을까?

'문학가는 자유롭게 사회를 비판하거나 냉소적 관찰자로서의 입장을 취할 수 있다. 그러나 그렇다 하더라도 현실 사회의 구성원으로서의 책무에서 벗어날 수는 없다'고 말이다.

문학을 지식으로 대체해서 생각해도 마찬가지다. 사르트르는 지식에 관여하며 사는 사람도 현실적 제약에서 자유롭지 못하다고 생각하지 않았을까? 현실 세계에서는 작가가 아닌 시민의 일원으로서 사회에 참여해야 하며, 문학이 현실을 대체할 도피처가 될 수는 없다고 말이다. 비평가 고바야시 히데오小林英雄[36]가 '문학은 거품과도 같다. 전쟁이 일어난다면 군인으로서 싸우겠다.'라고 한 것도 같은 맥락에서 나온 말이다.

사르트르가 제기한 문제는 시간적, 공간적으로 어느 지점을 선택하느냐에 따라 다양하게 해석될 수 있다. 예전과 달리 문학가의 사회적 특권이 없어진 지금은 그 문제를 제기하는 것 자체의 의미가 없어졌다. 이제는 문학이 굶주린 아이에게 무엇을 할 수 있느냐고, 또는 지식이 현실을 변혁하는 거점이 될 수 있느냐고 묻지 않는다.

그렇다 하더라도 나는 문학이 그 어떤 현실적 문제도 해결하지 못하기 때문에, 또 문학이 현실적으로 유효한 목적을 갖지 않기 때문에 오히려 최후까지 현실에 저항할 거점이 될 수 있다고 생각한다. 왜냐하면 오늘날 우리가 직면한 문제들 중 상당수는 '어떤 도움이 되는가?', '어떤 목적을 달성할 수 있는가?'를 묻는 공리주의적 가치관에서 생겼기 때문이다.

문학은 공리성으로부터 가장 먼 곳에 자신을 놓음으로써 공리성에 이의를 제기한다. 그리고 '뭔가를 위해서가 아닌 소중한 것'을 목표로 삼는다. 문학은 우리를 향해 그 목표가 없어

---

36) 1902~1983년 근대 비평가로서의 지위를 확립했고, 비평의 새로운 분야 개척을 시도했다. 종전 후에는 문단문학보다는 예술가·사상가를 추구했다.

지면, 이 세상에는 이야기할 만한 것이 없어진다고 말한다. 그러므로 문학은 거꾸로 생각하기의 결과물이다.

흔들리고 망설이며 멈추어 서라

 공리주의적 사고에서는 지식을 많이 쌓은 사람일수록 가치가 높다고 본다. 자기를 더 비싸게 팔 수 있다고 생각하는 사람도 많은 것 같다. 하지만 앞서 말했듯이 아무리 많은 지식을 쌓아도 현실적인 판단력이나 수행 능력에서는 차별적인 효과가 거의 나타나지 않는다.

 그렇다면 왜 배우는 걸까?

 지성은 무엇이고, 어떻게 쓰일 때 의미가 있을까?

 지금까지 여러 번에 걸쳐서 뭔가를 배우는 목적은 그것을 배워서 얼마나 돈을 벌 수 있는지, 얼마나 도움이 되는지를 계산하는 것이 아니라고 이야기했다. 지적 욕구에서 가장 중요한 것은 뭔가를 알게 된다는 것, 또는 뭔가를 얻는 것이 아니다. 물론 그런 측면이 없지는 않다. 그리고 대부분의 경우는 뭔가를 알기 위해 배우기 시작한다.

그러나 뭔가를 배우는데 있어서 가장 중요한 측면은 배우면 배울수록 모르는 것이 더 많아진다는 점에 있다. 이러한 양면적 성질에 배움의 본질이 있다고 해도 좋다. 지성인이 되는데 있어서 가장 중요한 점은 자신이 무엇을 알고, 무엇을 모르느냐가 아니다. 자신이 무엇을 모르고, 무엇을 알지 못하는가를 아는 것이야말로 지성인의 가장 중요한 덕목이다.

단적으로 말해서 자기는 모르는 게 없다고 생각하는 인간과 자기는 많은 것을 모르지만 무엇을 모르는지를 알고 있는 인간 사이에는 뛰어넘을 수 없는 장벽이 존재한다. 판단력과 지성의 수준, 인간으로서의 품격에서도 전혀 다른 모습을 보인다.

자기는 모르는 게 없다고 생각하는 것은 자유지만, 인간은 모든 사물의 극히 일부만을 알 수 있다. 자기는 뭐든지 알고 있다고 생각하면 오히려 지식의 폭이 제한된다. 그리고 그 상태에서 멈추기 때문에 지금까지 알고 있는 것 이상을 배우지 못한다.

자기는 아무것도 모르지만, 자기가 무엇을 모르는지를 알고 있다는 생각은 모든 것을 포괄하는 지성이다. 이런 지성이 순조롭게 작동할 때 인간은 자만하지 않으며, 흔들리고 망설이며 멈추어 선다.

힘든 어른의 모습은
그런 경험을 공유한 어른에게만 보인다.

지성의 본질은
고뇌하고 멈춰 서는 것

오늘날 문제가 되고 있는 존엄사의 법제화도 지성이 제대로 작동하고 있지 않다는 것을 보여준다. 우리는 죽음에 대해 잘 아는 것처럼 이것저것 이야기하지만, 사실은 아무것도 모른다. 죽음은 죽은 사람만 알 수 있다. 그런데 죽은 사람은 말이 없다.

그렇다면 죽음에 직면한 환자는 어떤 치료를 원할까? 죽음으로써 고통에서 벗어나고 싶어 할까? 대부분의 경우, 우리는 죽음에 직면한 당사자들로부터 먼 곳에서 이야기를 한다. 내가 존엄사의 법제화에 반대하는 가장 큰 이유는 그로 인해 우리가 죽음에 대해 생각하는 것을 그만둘지도 모르기 때문이다.

죽음의 문턱에 선 환자를 치료할 때는 환자 본인과 가족, 그리고 의사가 곤혹스러운 상황에 직면한다. 당사자들은 깊은 고민을 한 끝에 하나의 결론에 도달하기도 하지만, 환자의 병증이나 환자 가족에 따라서 저마다 다른 방식으로 고민하고, 다른 결론이 나올 수도 있다.

인간이 고민한다는 것, 그리고 각자가 다른 결론을 내는 것은 무척 중요하다. 지성의 본질이 고민하고 망설이며 멈추어 서는 것이기 때문이다. 법률은 규범화 된 기준을 적용한다는 점에서 일견 합리적으로 보인다. 그러나 법률의 적용은 최종 판단을 획일적인 규정에 맡기는 일이 될 수도 있다. 즉 '인간의 지성'이라는 측면에서는 생각을 멈추는 것과 같다.

인간이면 누구나 겪는 생로병사를 자신의 문제로 받아들이지 않고 마주하기를 회피한다면, 얻는 것도 있겠지만 잃는 것이 더 많다. 예를 들어, 돈이 있으면 늙은 부모를 고급 간병 시설에서 모실 수도 있다. 하지만 그렇게 한다면 자식이 부모에게 받아 온 것에 대한 답례를 직접 행할 수 있는 기회를 잃을지도 모른다.

인간은 손이 가는 일, 귀찮은 일, 돈으로 해결할 수 없는 일을 긴 역사 속에서 계속해 왔다. 지금은 그런 일들을 찾아보기 어렵게 되었지만, 인간이 스스로 문제를 해결하려는 행동에는 반드시 중요한 의미가 있다.

거꾸로 생각하기란 강한 현실을
중심으로 사고하는 것이다.

예순 살이 되면 보이는 것

얼마 전 친한 벗 우치다 다쓰루의 형을 만났는데, 아주 재미있는 이야기를 들었다. 그의 형은 수년 전에 항암제 부작용으로 혼수상태에 빠진 적도 있었다. 지금은 건강을 회복해 약물치료를 중단한 상태이며, 건강한 모습으로 암에 관해서도 편하게 이야기한다. 그뿐 아니라 치료 전에 중단했던 담배도 다시 피운다. 형님은 내게 이런 말을 해주었다.

"요즘은 내 삶이 1년 남았다고 생각하며 산다네. 그러면 여러 가지가 다르게 보여. 지금은 무엇을 우선적으로 해야 하는지, 하지 않아도 되는 것은 무엇인지 똑똑히 알 수 있다네. 얼마 전에는 서머셋 몸의 『인간의 굴레』를 읽었는데, 이게 아주 재미있었어. 암에 걸리지 않았다면 이런 책을 읽지 않았을지도 몰라. 그래서 암에 걸린 것도 감사하게 생각한다네."

나는 형님의 생각에 깊이 공감했다. 나 역시도 환갑을 넘기고 암에 걸려서 예전과는 다른 식으로 생각하게 되었기 때문이다.

지금 나이가 서른 살이고, 여든 살까지는 산다고 생각하는 사람에게는 살아온 시간보다 앞으로 살아갈 인생이 더 길다. 그래서 지금까지 겪지 못한 다양한 일들을 앞으로 경험할 거라고 생각할 수도 있다. 하지만 내 나이는 60대 중반이다. 내가 지금까지 살아온 시간보다 더 많은 시간을 살 수는 없다.

나이 60이 넘으면 이제부터 어떤 일들이 일어날지 대부분은 예측할 수 있다. 아마도 과거에 이미 경험한 일들이 일어날 거라는 생각이 든다. 지금까지 살아 온 자신을 돌아보면 자신이 할 수 있는 일과 할 수 없는 일이 무엇인지 명확히 알고 있기 때문이다.

살아 온 경험으로 자신의 앞날을 내다보는 것은 미래 세계를 예측하는 것과 조금 다르다. 삶의 경험이 쌓이면 시간이 어떻게 지나가는지, 공부를 하거나 뭔가를 배웠을 때 결과가 어떤 형태로 어느 정도의 시간을 두고 나타나는지 등을 알 수 있다. 아주 이상한 일은 일어나지 않을지도 모르지만, 그렇게 좋은 일도 일어나지 않는다는 것을 경험에 비추어 알 수 있다.

20대 나이에 그런 것을 안다면 정말 천재적인 사람이다. 하지만 60대가 되어서도 자신의 앞날을 내다볼 수 없다면 문제가 있는 사람이다. 60대가 되면 자신이 할 수 없는 게 무엇인지, 자신이 어떤 유형의 인간인지를 안다.

앞으로 일어날 일에 대한 예측은 자신이 무엇을 할 수 없고, 무엇을 모르며, 무엇을 이해하지 못하는지, 다시 말해 가능성의 한계를 깨달았을 때 알 수 있다.

젊은 시절, 나는 남들이 "그건 네 적성에 맞지 않아!"라고 말하면 일부러 그 일을 골라서 했다. 그렇게 함으로써 내 가능성을 넓힐 수 있다고 생각했기 때문이다. 그러나 결국 사람에게는 저마다 분수가 있음을 절실히 느끼게 된다. 이런 태도를 비즈니스적인 가치관에서는 내향적, 부정적, 소극적이라고 한다. 하지만 비즈니스적인 가치관은 어디까지나 인간을 생산성이라는 기준으로 측정하는 관점일 뿐이다.

여든 살을 넘기면 자신에게 남겨진 시간이 보이기 시작하므로 사물을 상대화하는 기준이 자연스럽게 변화한다. 예를 들면, 심각하게 고민했던 일이 사소한 일이었다고 생각하게 될 수도 있다. 경멸하고 미워하던 사람도 20년 뒤에는 없어질 거라고 생각하면 가여워진다. 이런저런 일로 괴로워하는 자신이나 남들이 불쌍하게 느껴지기도 한다. 이런 느낌은 무척 중요하므로, 하나 더 예를 들겠다.

흔히 신혼 때는 배우자가 자신에게 맞는지, 이 사람 말고도 자신을 더 행복하게 해주는 상대가 있을지도 모른다는 생각에 싸우게 된다. 하지만 부부로 반평생을 함께 지내면 그런 것들에서 점점 멀어진다. 아무렇게 대해도 받아들이고, 배우자가 조금 측은해 보이기도 한다.

자연스럽게 가족이라는 감정이 솟아난다. 이것은 상대방이 좋다거나 싫다는 감정과는 전혀 다른 별개의 감정이다. 환갑을 넘기고 죽음이 사정거리에 들어왔을 때, 비로소 솟아나는 감정인지도 모른다. 어쩌면 인간은 60살이 넘어야 제대로 거꾸로 생각하기를 시작하는 지도 모르겠다.

선한 사람을
연기하는 사람

최근에 『리틀 빅 히어로Accidental Hero』라는 영화를 재미있게 봤다. 영화를 보지 못한 분들을 위해 줄거리를 소개한다.

주인공인 상습 좀도둑 '버니더스틴 호프만'는 나쁜 짓을 하며 살고 있지만, 달변가에다 뒷골목 삶에 대한 신념도 있는 인물이다. 특히 가족에 대한 사랑이 유별난 사람이기도 하다. 한마디로 말하자면 조금 복잡한 캐릭터다.

그런 버니가 아들을 만나러 가기 위해 폭우가 쏟아지는 밤에 차를 몰고 가는데, 갑자기 비행기가 불시착하는 장면을 목격하게 된다. 버니는 귀찮고 꺼려하는 마음에 사고 현장을 잠시 들여다봤다가 그 자리를 뜨려고 한다. 바로 그때 비행기에서 탈출한 소년이 기내에 갇힌 아버지를 구해 달라고 애원한다. 버니는 남을 돕는 일 따위는 하고 싶지 않았지만, 아이를 생각하는 마음에서 승객들이 비행기에서 빠져나오도록 돕는다. 결과적으로 기내에 갇힌 사람들을 구출하는 데 성공한다.

구조를 마친 버니는 곧바로 사건 현장을 떠난다. 그런데 TV 뉴스 기자가 사고 현장에 들어가 구조된 승객을 인터뷰하자 사람들은 '어떤 남자'가 자신들을 구해 줬다고 입을 모아 감사의 뜻을 전한다. 그러자 이번에는 그 남자를 찾는 방송이 나오면서 대소동이 벌어지고, 영웅 찾기가 시작된다.

그런데 버니의 직업은 좀도둑이고, 남에 눈에 띄지 않는 것을 생활신조로 여기고 있다. 게다가 착한 일 따위는 하고 싶지 않은 사람이다. 착한 사람으로 인정받는 것에 흥미가 없기 때문이다. 그는 가족과 사이좋게 지내고, 그렇게 할 수 있도록 보장해 주는 돈에만 관심이 있을 뿐이다.

얼마 후 방송국의 수소문에도 불구하고 승객을 구조한 영웅이 나타나지 않자, 100만 달러의 상금을 지급하겠다는 광고를 낸다. 광고를 본 버니는 100만 달러를 받기 위해 자신의 신조를 깨고 이름을 밝히려고 한다.

그런데 뜻하지 않게 집도 없이 차에서 숙식하는 '존앤디 가르시아'이라는 남성이 자기가 승객을 구조했다고 주장한다. 사실 존은 버니가 추락한 비행기에서 사람들을 구한 뒤 존의 차를 얻어 탔을 때, 비행기 사고 이야기를 들었을 뿐이었다.

그러자 이 사회에 아무 관심도 없고 그저 돈이 탐났던 존은 미국의 영웅이 된다. 재주는 곰이 넘고 돈은 되놈이 버는 격이다. 사실 이 이야기는 그 다음부터 훨씬 더 흥미진진해진다.

선한 사람인양 인터뷰를 하고 상금을 가로챈 존은 그 이후에도 언론의 주목을 받으며 계속 선한 사람인척 해야 했다. 그러는 동안 선한 사람인척 하는 그의 연기가 습관이 된다. 빈민가에 사는 사람들에게 담요를 나눠 주거나 형편이 어려운 아이들을 도와주기도 한다. 그리고 자신이 가짜 영웅이라는 사실에 자책감을 느낀다.

마지막에 어떻게 되는지는 영화를 보고 직접 확인해 보기

바란다. 이 영화의 묘미는 책의 첫머리에서 말했듯이 인간은 자기 의지와는 다른 결과를 실현한다는 점이다. 영화에는 그러한 과정이 생생하게 묘사되어 있다. 그리고 또 한 가지 중요한 포인트는 이 세상에는 착한 사람과 나쁜 사람이 있는 게 아니라, 어쩌다 착한 일을 한 사람이 착한 사람으로 인정받게 된다는 것이다.

근본적으로 나쁜 사람도 없고, 천성적으로 선한 사람도 없다. 원래 인간은 악함과 선함, 사악함과 성스러움을 동시에 가지고 있다. 그래서 이 세상은 인간의 사악함이 지나치게 노출되지 않도록 다양한 연구를 하고, 법률과 제도를 만들지 않았을까? 왕이나 황제의 말이 곧 법이었던 인치주의人治主義의 반대쪽에 있는 법치주의와 입헌주의가 그렇다.

절대 권력은 절대적으로 부패한다는 말이 있듯이, 아무리 고결한 인간도 사소한 계기로 인해 이성을 잃고 악행을 저지를 수 있음을 역사에서 배운 결과 그런 제도가 만들어졌다.

입헌주의는 헌법으로 정치가가 자신의 권력을 남용하지 못하게끔 하는 제도다. '3권 분립'이라는 제도도 권력을 분산시켜 상호 견제하도록 한다. 즉 이러한 모든 제도는 성악설에 근거하고 있다.

    인간을 인품으로 보면 사람들 위에 설 자격이 있는 인간과 그 사람을 아래에서 지원해 주는 인간이 있다. 사람들 위에 서는 인간은 대체적으로 잘못된 일을 하지 않는다고 생각하는 사람도 있을 것이다. 하지만 인간이 얼마나 사악해질 수 있는지를 경험했기 때문에, 나는 성선설을 신뢰하지 않는다. 아니 그보다는 자기는 언제나 선하며, 언제나 옳은 일을 행한다고 생각하는 인간이 더 위태롭다고 생각한다. 이렇게 생각하는 사람은 자신을 한번 거꾸로 생각해 봐야 할 것이다.

거꾸로 생각하면
비로소 올바른 것을 볼 수 있다.

거짓말도
거꾸로 보면…

 정의의 속박에서 벗어나려면 어른이 되는 수밖에 없다고 생각한다. 어른에게 올바름은 행동의 규범이 되지 않는다. 자신들이 살아가려면 무엇을 해야 하는지, 살아가기 위해서 때로는 거짓을 말하고, 타협하거나 악을 길들여야 한다는 것을 경험으로 알고 있기 때문이다. 하지만 그게 전부라면 그저 음흉하고 신뢰할 수 없는 늙은이에 불과한 것도 사실이다.

 그렇다면 올바른 어른은 어떻게 행동해야 좋을까? 나는 거짓인 줄 알면서도 하는 거짓말은 그 거짓말을 스스로 받아들일 때만 용납된다고 생각한다. 이 점은 매우 중요하다.

예를 들자면, 오래전에 '크레이지 캐츠クレージキャッツ'라는 그룹의 보컬이었던 우에키 히토시植木 等가 '돈이 없는 사람은 모두 나한테 오면 된다'는 어이없는 메시지가 담긴 노래를 불러서 엄청난 인기를 얻었다. 「닥치고 나를 따라와だまって俺について来い(아오시마 유키오青島 幸男 작사, 하기와하 히로아키萩原 哲晶 작곡)」라는 노래인데, 나는 이 노래를 아주 좋아한다.

이 곡은 정의로운 사람의 노래는 아니다. 정직한 사람의 노래도 아니다. 그 노래 속의 '나'를 따라간다고 돈이 생기지도 않는다. 다만 그 '나'는 '시간이 흐르면 어떻게 될 거야'라는 메시지를 설파한다. 꽤나 사람을 바보 취급하는 말이지만, '닥치고 나를 따라와'라고 말하는 '나'는 거짓을 받아들이라고 한다.

이 노래는 고도 성장기의 일본에서 불리었다. 이 노래를 아무 생각 없이 들으면 무책임하고 엉터리 같은 남자가 부르는 노래라고 생각할 지도 모른다. 하지만 이 노래가 대중의 공감을 얻을 수 있었던 이유는 먹고 살기 위해 회사에서 힘들게 야근을 하고 불합리한 명령을 따라야 했던 샐러리맨들, 그리고 원청회사에게 괴롭힘을 당하며 허덕이는 영세기업 경영자들에게 엄청난 해방감을 안겨 주었기 때문이 아닐까 싶다.

'닥치고 나를 따라와'라고 말하는 허풍쟁이 아저씨에게는 자기를 따라온 사람들을 구제해 줄 재산도 없거니와 그럴 계획도 없다. 그러나 현실에서는 수많은 영세기업 경영자들이 자기 집을 담보로 잡히고, 얼마 안 되는 재산을 팔아 가면서 가족과 직원들에게 보답하기 위해 동분서주하고 있었다.

내 아버지도 그중 한 사람이었다. 아마 은행이나 신용금고에 거짓투성이 회계 자료를 제출하며 대출을 받지 않았을까? 나도 마찬가지다. 그런 비즈니스 현장에서 어떤 회계 처리를 하고, 어떤 식으로 보고되었는지는 회계사무소 직원이라면 누구나 아는 사실이다.

그래도 사회가 잘 돌아갔던 이유는 은행 담당자가 영세기업 사장이 보여주는 결산서가 거짓임을 알면서도 대출해 주었기 때문이다. 은행 담당자는 결산서 숫자가 아닌 다른 기준으로 경영자와 그 회사를 판단했다. 다시 말해 은행 담당자는 영세기업 사장이 자신의 거짓을 받아들이고 죽을힘을 다해 빚을

갚으려고 노력할 것이라 믿었던 것이다.

이것을 한마디로 말하면 신용이다. 유능한 은행원은 경영자의 인간성을 보는 안목을 가지고 있기 마련이다. 경영자가 대출을 받아서 성공한 사업이 일종의 신용으로 작용하여 훗날 좋은 결과로 이어지지는 않았을까? 사정이 그렇다 하더라도 경영자는 필사적이었을 것이고, 어찌 해야 할지 몰라서 쩔쩔맨 경우도 많았을 것이다.

어쩌면 먹고살기 위해서 '어떻게 되겠지' 하는 심정으로 대출을 신청하지 않았을까? '어떻게 되겠지' 하는 생각은 현실의 영세기업 경영자에게는 예측이 아니라 희망에 지나지 않았다. 하지만 그렇게 생각하며 죽을힘을 다해 일하면 정말로 어떻게든 되었던 시절이 고도 성장기의 일본이었는지 모른다.

부모의 삶
거꾸로 들여다 보기

나는 고도 성장기의 산업 현장에 흐르던 반지성주의적인 분위기가 싫어서 참을 수가 없었다. 오타쿠 같은 영세한 공장이 줄지어 있는 곳에는 가부장적 분위기가 짙게 드리워져 있었다. 마을도 보수적이었고, 마을 사람들 간에 떠도는 소문으로 날이 저무는 모양새였다. 소년기를 지나 청년기가 되었을 때는 왜 이런 인습을 되풀이하는 거냐고 분개했었다.

나에게 불구대천지 원수는 아버지와 아버지 공장에서 일하는 직원들, 그리고 동네 모임에서 쓸데없는 이야기를 늘어놓는 어른들이었다. 내 경우는 동네 공장이나 직원들에 대한 불만이었지만, 부모가 샐러리맨이었던 아이들은 자기 부모를 경멸했을 것이다.

내 책 『귀로의 철학』에서도 언급했지만, 드라마 작가인 무코다 구니코向田 邦子[37]도 집안에서 가부장적 권력을 휘두르던 아버지에게 반발심을 품었다고 한다. 어느 날, 그녀의 아버지가 다니는 회사 사장이 그녀 집을 찾아왔을 때의 광경을 보고 아버지에 대한 시선이 바뀌었다고 한다. 사장이 그녀의 할머니 장례식에 조문을 하러 오자, 아버지는 현관 앞에서 공손하게 무릎을 꿇고 두 손을 모아 큰절을 했던 것이다.

정말 인상적인 장면이므로, 내용 중 일부를 소개하겠다.

우리들이 보지 않는 곳에서 아버지는 그런 모습으로 싸워 온 것

---

[37] 1929~1981년 텔레비전 드라마 작가, 수필가, 소설가. 출판사 편집자로 일하다 드라마 작가로 전직한 후 절묘한 대사와 정교한 구성으로 최고의 인기를 누리며, 「데라우치 간타로 일가」, 「아수라처럼」 등 1천여 편이 넘는 드라마 각본을 썼다. 교과서에 수록되기도 한 그녀의 글은 에세이의 전형으로 평가받고 있다.

이다. 아버지 앞으로 저녁 반찬이 하나 더 많은 것도, 보험계약 실적이 생각보다 오르지 않는 마감 때면 마구잡이로 애매한 사람에게 분풀이하듯 날아오던 주먹도 용서하자고 생각했다.

- 무코다 구니코, 『아버지의 사과 편지父の詫び状』, 문예춘추(2006년)

여러분은 무코다가 겪은 심경의 변화에 대해 어떤 느낌이 드는가? 나 역시 그랬다. 오래전, 공장에서 기름투성이가 되어 일하는 아버지와 함께 초밥집에 갔을 때 초밥을 집어든 아버지의 손톱 끝이 기름때로 까맣게 물들어 있는 것을 보고 부끄럽게 생각했던 적이 있었기 때문이다.

이 글을 통해서 화이트칼라 가정에서 자란 아이와 공장 노동자 가정에서 자란 아이와의 감수성 차이를 엿볼 수 있다. 만약 내가 상사 앞에서 엎드린 아버지를 보았다면 아버지에게 경멸의 눈초리를 보내지 않았을까 생각되어 마음이 아파 온다. 어쩌면 내가 지식의 계단을 올라가고 싶어 하는 아이 같은 상태에서 오랫동안 벗어나지 못했기 때문에 그런 생각을 했는지도 모른다.

단적으로 말하자면, 하층 노동자보다 중간급 관리직, 중간급 관리직보다 본사 건물에 소속된 화이트칼라를 우월하다고 보는 성향이다. 대학을 나와 지식을 쌓고 고급 일식집이나 레스토랑에서 식사를 즐기는 지식인에 비해 충분히 교육을 받지 못하고, 지식도 없는 서민을 열등하다고 여긴다.

그 결과 작은 동네 공장에서 자란 인간은 생활 현장에 흐르는 비합리적이고 인습적인 사고와 행동의 원인을 지식이 없기 때문이라고 치부하기 쉽다. 나는 마을 사람들이 책도 읽지 않고, 영화도 보지 않고, 문화를 향유할 줄도 모르고, 지식이 부족하기 때문에 자존감도 희박하고, 전근대적 인습을 지키며 우물 안 개구리처럼 세상에서 안주한다고 여겼었다.

무코다의 아버지는 보험 회사에서 근무하는 샐러리맨이었으니, 그녀는 나처럼 굴절된 감정을 품지는 않았을 것이다. 그렇다 하더라도 그녀의 집에 짙게 남아 있는 가부장적 전근대성에는 수긍할 수 없었을 것이다. 그러나 무코다는 나와 정반대로 아버지가 상사에게 엎드리는 모습을 보고 아버지의 싸움이 무엇이었는지를 단번에 이해했다. 아버지는 처자식이 보지 않는 곳에서 그런 자세로 싸워 왔다는 것…….

그녀는 무엇을 보았을까? 그녀가 저 너머로, 또 깊은 곳에서 본 것은 평소에는 잘난 척을 하지만 가족을 지키기 위해서는 자존심도 내던지고 넙죽 엎드리는 '힘든 어른'의 모습이 아니었을까? 그 광경은 내게 밝은 부분과 어두운 부분이 반전된 사진을 보고 있는 것처럼 비춰진다.

그런데 힘든 어른의 모습은 그런 경험을 공유한 어른에게만 보인다. 그 당시에 나는 어린아이였으므로 아버지의 반대편에 있는 힘든 어른의 모습을 보지 못했다. 하지만 무코다는 아버지의 경험과는 다른 방식으로 삶의 힘겨움을 겪었다. 그렇기 때문에 자신만의 글을 쓸 수 있었던 게 아닐까?

그렇게 생각하면 그녀의 작품에 나오는 일화는 실제로 있었던 이야기일 수도 있다. 하지만 그녀가 힘든 어른의 모습을 보았다는 내용은 그녀가 어른이 되고 나서 덧입혀진 기억인지도 모른다.

양자택일식의 사고가
문제이다.

강한 현실과 약한 현실

사상가 우치다 다쓰루가 쓴 『시가지 전쟁론街場の戦争論』이라는 책에 아주 재미있는 내용이 있는데, 강한 현실과 약한 현실에 대한 이야기였다. 이게 무슨 말인지 여기서 잠깐 설명하겠다.

그와 나는 20대 후반에 취직도 하지 않은 백수 상태였다. 그당시에 나는 그와 또 한 명의 친구, 그리고 아르바이트하던 곳에서 알게 된 경리와 함께 번역 회사를 차렸다.

그와는 초등학교를 졸업한 뒤 1년에 한두 번씩 만났지만, 다른 친구와 경리는 함께 일을 해본 적이 없었다. 그런데 함께 일을 해보니 우리는 정말 잘 맞고 사고방식도 비슷하다는 걸 느꼈다. 이대로 계속 환갑이 될 때까지 회사를 운영해도 괜찮겠다는 생각이 들 정도였다. 하지만 2년 후 그는 나와 함께 일하는 것도 좋지만, 대학원에서 공부를 더 하고 싶다며 회사를 그만두었다.

그는 그때의 일을 이렇게 썼다.

그때 박사 과정에서 탈락했다면 그 후의 내 인생은 어떻게 변했을까? 실제로 남들에게 그런 질문을 종종 듣는다. 물론 박사 과정에서 탈락할 확률이 50퍼센트였으니, 그것은 상당히 가능성이 높은 있을 수 있는 과거였다.

- 우치다 다쓰루, 『시가지 전쟁론』 미시마사(2014년)

그리고 아마 지금처럼 나이를 먹었다면, 세타가야世田谷 구나 메구로目黑 구에 있는 방 3개짜리 월세 아파트에서 책에 파묻혀 지내고 있을 거라고 덧붙였다. 그 다음부터는 우치다만의 방식으로 이야기가 전개된다. 그는 그 책장에 꽂혀 있던 책들은 현재 살고 있는 집이자 자신이 운영하는 합기도장 가이후칸凱風館[38] 서재에 꽂혀 있는 책과 거의 비슷할 거라고 했다. 그리고 이어서 이렇게 말한다.

> 내가 스물아홉 살의 전환점에서 어떤 길을 선택했건, 어떤 직업에 종사했건 반드시 나와 만나서 내 곁에 놓여 있을 책이 있다. 그것이 내게 있어서의 '강한 현실'이다.
>
> -『시가지 전쟁론』

이 글을 읽었을 때, 참 재미있는 말이라는 생각이 들면서 나도 모르게 고개를 끄덕거렸다. 그리고 이 문장이 어떤 맥락인지 모른다면, 그가 하는 말이 무슨 뜻인지 이해할 수 없을지도 모른다.

---

38) 우치다 다쓰루는 고베 시에 있는 자기 집 1층을 '가이후관(凱風館)'이라는 합기도장으로 개조해서 무예와 공부를 겸한 배움의 공간으로 개방했다. 실제로 그는 합기도 7단이기도 하며, '가이후(凱風)'는 남쪽에서 불어오는 따뜻한 봄바람을 뜻한다.

요즘은 이따금씩 '현실적으로 생각해라!' 또는 '네가 하는 말에는 현실성이 부족해!'라는 식으로 말한다. 오랫동안 지켜져 온 헌법이나 법률을 변경하는 것도 변화하는 현실에 맞지 않는다는 이유로 진행된다. 물론 그 변화하는 현실이 현실임에는 틀림없지만, 지극히 미미한 변화의 차이에 따라서 생긴 어쩌다가 그렇게 된 현실에 지나지 않는다. 우치다는 이를 두고 '약한 현실'이라고 불렀다. 우리는 수십 년이 지나도 변하지 않는 '강한 현실'에 중심을 두어야 하며, 어쩌다 그렇게 된 약한 현실에 중심을 두면 안 된다고 결론을 짓는다.

과연 우치다다운 발상이라고 생각했다. 우리는 그런 식으로 생각하지 않기 때문이다. 그는 종종 남과 다른 방식으로 사물을 바라보는데, 역사나 경제를 관찰할 때 차이점을 보는 게 아니라 변하지 않는 것을 보려고 하는 방식이다.

강한 현실, 즉 작은 변화로는 절대로 변하지 않는 확고한 현실이 있다. 우치다는 거기에 생활의 중심을 두어야 한다고 말했다. 나는 그의 말에 깊은 공감을 느꼈다. 그의 책에서 이 부분이 가장 인상적이었다. 강한 현실에 중심을 두어야 한다는 그의 주장은 정치와 경제에도 적용할 수 있다.

일본의 대표적인 전자회사 소니는 장기간 실적 부진으로 고전하고 있다. 이 회사의 강한 현실은 창업 이념이었다. 그런데 1990년 중반, 영업자 출신인 이데이 노부유키는 소니의 4대 회장으로 취임하면서 '시가총액 경영'이라는 목표를 내세웠다. 즉 회사 주식의 시가총액을 최대로 키우는 경영을 하겠다고 밝힌 것이다. 그리고 창업 이래 지속해 왔던 전자 제품 주력 기업에서 게임, 영화, 증권 등 새로운 분야에서 활로를 모색했다. 그러나 소니의 강한 현실은 창업자 이부카 마사루가 직접 작성한 '동경통신공업 설립 취지서'에 있었다.

- 부당한 배금주의를 폐하고 내용이 충실하고 실질적인 활동에 중점을 두며, 섣불리 규모의 확장을 꾀하지 않는다.
- 소규모 경영을 표방하며, 대기업에서 할 수 없는 분야에서 기술 개발과 경영 활동을 지향한다.

이러한 설립 취지서의 연장선상에 소니의 강한 현실이 존재했을 것이다. 또한 소니를 사랑하는 고객도 소니의 기업가적 정신을 신뢰했다. 그런 소니가 돈이 된다는 이유로 게임업과 금융업에 뛰어들면서 시가총액 올리는 일에 경영 자원을 쏟아 부었다. 그 결과 회사와 고객과의 신뢰 관계에 그림자가 드리워졌다. 나아가 소니의 자유분방한 사풍에 끌려서 입사한 직원들의 사기도 떨어졌다.

 소니가 실패한 이유는 회사를 처음 설립했을 때 부정했던 것들, 즉 주주지상주의와 시가총액주의 등에 매몰되어 사업을 확장했기 때문이다. 한마디로 글로벌리즘 시류에 편승하는 '약한 현실'로 기업의 중심을 옮긴 것이다. 거꾸로 생각하기란 강한 현실을 중심으로 사고하는 것이다.

새로운 공동체 탄생을 기다리며

오늘날의 강한 현실은 무엇일까? 100년 전에도 존재했고, 100년 후에도 이어질 강한 현실은 무엇일까?

이 세상은 제행무상諸行無常[39]이므로 변하지 않는 것은 없다고 할 수도 있겠다. 하지만 사물을 '제행무상'이라고 생각하는 그 자체야말로 '변하지 않는 것'이 아닐까? 아무리 엄청난 영화를 누린 권력이라도 긴 시간 속에서 보면 반드시 멸망한다.

---

39) 불교 교리 중 삼법인(三法印)의 하나. 우주 만물은 시시각각으로 변화하여 한 모양으로 머물러 있지 아니함을 이르는 말.

더구나 언젠가부터 사회 저변에 흐르고 있는 글로벌리즘이나 글로벌 교육 따위는 시간이 지나면 금세 잊힌 단어가 될지도 모른다.

앞에서도 말했듯이 일본의 가족 형태는 기업과 사회의 가치관이나 규범의 모델이 되어 왔다. 일본의 전통적 가족 형태는 장자상속형 권위주의 가족이다. 기업과 국가는 일본의 전통적 가족이 지녔던 규범과 가치관을 토대로 발전했다. 그런데 고도 성장기를 거쳐 1974년 이후 17년간 이어진 경제적 안정기에 들어서면서 핵가족화와 함께 전통적 가치관도 변할 수밖에 없었다. 이러한 형태의 근대화가 진행된 결과 인구는 감소했고, 고령화는 빠른 속도로 진행되고 있다. 이제 더 이상은 경제 성장을 기대할 수 없게 되었다.

글로벌화와 글로벌리즘은 다르다. 글로벌화는 사회 발전의 귀결로 일어나는 자연적인 과정이지만, 글로벌리즘은 일시적인 현상에 지나지 않는 '이데올로기'라고 앞에서 말했다. 이러한 맥락에서 본다면 글로벌화는 '강한 현실'이고, 글로벌리즘은 '약한 현실'에 해당된다.

과학기술의 진보는 글로벌화가 실현되도록 도와준다. 과학기술에는 일방적으로 계속 진화하는 성질이 있고, 글로벌화에는 긍정적 효과와 부정적 효과가 있다. 또한 사람, 돈, 상품이 국경을 초월해 이동하며 기업 활동이 활발해진다는 긍정적인 효과도 있다. 하지만 제각기 발전하고 있던 국가들이 가진 다양한 가치와 고유의 산업이 상실된다는 부정적 효과도 있다.

세계가 하나의 시장으로 통합되면 경쟁은 더욱 치열해지고, 빈부 격차는 시간이 흐를수록 확대될 것이다. 이는 '글로벌리즘'이라는 부정적 효과에는 눈을 감고 오로지 긍정적인 면만을 강조하며 전체와 개인 중에 하나를 선택하라고 밀어붙이는 승자의 이데올로기다. 나는 이 문제를 양자택일의 문제가 아니라 정도의 문제로 치환해야 한다고 줄곧 주장해 왔다. 그리고 이런 비판을 받기도 했다.

"그럼, 당신은 어떻게 해야 한다고 생각하는가?"

"구체적인 방법을 제시해 보라."

"글로벌화 이전의 고도성장 시대로 돌아가라는 것인가?"

"전통적인 가족 형태로 돌아가면, 현재의 모든 문제를 해결할 수 있다는 말인가?"

물론 그런 일은 있을 수 없다. 또한 일본이 권위주의적 공동체의 자족적인 사회로 다시 돌아가는 일도 없다고 생각한다. 왜냐하면 우리는 일본적인 마을 공동체적 사회와 가족이라는 구조가 비합리적이고 진저리가 나서 그것을 파괴하고 다른 가족 형태를 선택했기 때문이다.

자기가 부정해 온 곳으로 다시 돌아가는 것은 불가능하다. 일본적인 마을 공동체 사회는 억지로 해체당한 게 아니라, 일본인 스스로 해체했다. 나 또한 마을 공동체적인 동네 공장이 싫어서 도망쳤기 때문에 그곳으로 돌아갈 수 없다.

그러나 핵가족화로 인해 개인이 고립되고, 사회가 고령화하고, 빈부 격차가 확대되는 상황에서 문제를 해결하려면 엄청난 비용이 소요되는 정책을 실행해야 한다. 정부는 현재의 복지 정책을 더욱 확대해야 하고, 각 개인도 그에 맞는 생존 전략을 다시 짜야 한다. 아니, 우리가 억지로 새로운 생존 전략을 짜려고 하지 않아도 스스로 '강한 현실'에 중심을 둔다면, 사회는 자연스럽게 도달해야 할 곳에 도달할 것이라고 생각한다.

전통적인 권위주의 가족 형태는 붕괴되었지만, 그것을 대신할 수 있는 중간적 공동체가 생겨나지는 않을까?

거꾸로 생각하기는 단순하지 않은
세상을 헤쳐 나가는 방법이다.

중간 공동체

앞에서 '중간 공동체'라는 표현을 썼는데, 아직까지는 중간 공동체의 형태가 무엇인지는 명확하지 않다. 그래도 예를 들자면, 사상가 우치다 다쓰루는 고베神戶에 '가이후칸'이라는 자택 겸 합기도장을 세워서 지금까지 존재하지 않았던, 하지만 에도시대 이후 일본에 전통적으로 존재해 온 배움의 장소를 만들었다. 오사카 대학 총장이었던 와시다 기요카즈鷲田 淸一도 철학 카페 같은 배움의 장소를 열었다고 한다. 내가 운영하는 '옆 동네 카페隣町珈琲' 커피점도 지역 주민을 위한 배움의 장이라는 역할을 수행하고 있다.

가족처럼 강한 유대는 아니지만 약한 유대 관계로 지역 구성원들이 모이는 공동의 장소가 동시다발적으로 생기고 있는 현상에는 상징적인 의미가 있지 않을까?

그 속에서 그럭저럭 경제가 돌아간다. 유형 자본이나 인적 자본을 서로 주고받는 형태로 작은 경제가 작동하기 시작한 것이다. 아직은 움직임이 약하여 어디로 흘러갈지 알 수 없다. 하지만 리더 위치에 있는 사람들이 그런 장소를 계속 만듦으로써 유기적 연대를 위한 매개체 역할을 시도하고 있다.

각자 따로 방을 쓰면서 주방, 거실, 화장실을 공유하는 셰어 하우스나 자동차를 함께 쓰는 카 셰어링 같은 움직임도 처음에는 회의적인 시각으로 바라보았지만, 지금은 많은 사람들이 이용하고 있다.

지금처럼 작은 변화에도 흔들리는 '약한 현실' 속에서 무조건 경제 성장을 이루겠다는 식으로 정책을 밀어붙인다면, 빈부 격차는 더욱 확대될 것이고 빈곤층은 가혹한 현실과 직면하게 된다. 빈곤층을 위한 공동체 설립을 시도하는 사회 활동가 유아사 마코토浅誠[40]의 활동이 더 활발해질 수도 있다.

한편으로 부유층 사람들끼리 모이자는 움직임도 나왔다. 미국에서 일부 자치단체의 부유층이 자발적 공동체를 만들어서 사회적인 업무를 외주로 맡기자는 시도가 있었다. 돈으로 해결할 수 있는 일은 전부 돈으로 처리하자는 생각인 듯하다. 그런 곳에서 자라는 아이는 일그러진 인간이 되지 않을까? 아무튼 불쾌한 이웃들과는 함께 살고 싶지 않다는 뜻이리라.

---

40) 일본의 빈곤 퇴치 운동가이자 자립 생활 지원센터 모야이의 사무총장이다. 일본의 빈곤 퇴치 네트워크 사무국장으로도 활동하고 있다.

스스로 생각하는 것은
답을 외우는 것보다 가치 있다.

공중목욕탕의 규칙

나는 20대에 시부야渋谷에서 회사를 설립했다. 처음에는 도겐자카道玄坂, 그 뒤 야마노테센山手線 부근의 파이어거리ファイヤー通り로 옮겼다가 다시 미야마스자카宮益坂의 빌딩 2개 층을 임대하여 사용했다. 나중에는 그곳도 비좁아져서 센다가야千駄ヶ谷의 대형 빌딩으로 회사를 옮겼다. 지금 생각해 보니, 결국 시부야 안에서 옮겨 다닌 셈이다.

시부야에 자리를 잡았던 이유는 학생 시절에 매일 다녔던 카페가 도겐자카에 있었기 때문이다. 아마도 시부야와 인연이 깊었던 것 같다. 그 후 다른 일을 하며 미국 실리콘밸리와 네덜란드 라이덴Leiden으로 진출하기도 했고, 아키하바라秋葉原에도 갔지만 모두 오래 머물지 않았다. 그래도 아키하바라에서는 10년 정도 머물렀지만, 뭐라고 표현할 수 없는 불편함이 있었다. 인연이 없는 곳에서 일했기에 그런 느낌이 들지 않았을까 싶다.

아키하바라의 사무실을 접고 이번에는 내가 태어나고 자란 도큐이케가미선東急池上線 부근에 있는 작은 상점가 변두리에 사무실을 얻었다. 지금도 이곳에서 일하는데 예전과 전혀 다른 기분이 든다. 마치 고향으로 돌아온 것처럼 마음이 편하다. 당분간은, 아니 앞으로도 계속 이곳에서 일하지 않을까 싶다.

이곳 사무실 주변에는 공중목욕탕이 10여 곳이나 있어서 일을 마치고 돌아가는 길에 종종 들른다. 목욕탕을 이용하면서 일부러 인사를 나누지는 않지만, 목욕탕에 오는 노인들과 자연스럽게 아는 사이가 되었다.

내 책 『소비를 그만두다 - 공중목욕탕 경제를 권하다消費をやめる銭湯経済のすすめ』[41]를 이 사무실에서 썼다. 집과 사무실, 카페

와 공중목욕탕을 왔다 갔다 하면서 모든 용무를 마칠 수 있는 환경이다. 책에는 반경 3킬로미터 이내에서 생활한다는 홍보 문구가 쓰여 있지만, 실제로는 반경 100미터 이내의 생활이다.

공중목욕탕에 들어가 멍하니 있으면 왠지 지금까지 고민하던 문제가 실은 별 게 아닐지도 모른다는 기분이 든다. 여하튼 공중목욕탕은 모르는 사람들이 벌거벗고 한곳에서 푹 쉬는 공간이다. 이상하다고 하면 이상한 공간이지만, 이 공간은 내게 생활의 장이다. 다른 사람들에게도 생활의 장이니, 모두가 생활의 장을 공유하는 셈이다.

이른바 공유지다. 욕조도 목욕통도 의자도 사물함도 내 것이지만, 내 것이 아니다. 돈을 개입시킨 경제 시스템에서는 돈만 있으면 뭐든지 자기 소유물로 할 수 있다. 그런데 공중목욕탕에서는 입장료를 내고 '장소'에 들어갈 권리를 샀을 뿐, 그 장소에 있는 것들 중 내 것은 하나도 없다. 물론 온수는 얼마든

---

41) 히라카와 가쓰미(平川 克美), 미시마샤(ミシマ社), 2014년. 한국에서는 『소비를 그만두다』(소비자본주의의 모순을 꿰뚫고 내 삶의 가치를 지켜 줄 적극적 대안과 실천)라는 제목으로 출간되었다.

지 써도 되지만 필요 이상으로 쓰는 사람은 아무도 없다. 다만, 그 장소를 지키기 위한 몇 가지 암묵적 규칙이 있다.

   욕조의 물 온도는 일정하게 유지한다.

   물이 뜨거울 경우에는 잠깐 찬물을 틀 수도 있지만, 계속 틀어놓은 채로 두지는 않는다.

   목욕통이나 의자를 사용한 후에는 씻어서 원래 위치에 놓는다.

   욕실에서 나올 때는 몸을 닦아서 탈의실이 젖지 않도록 한다.

   탈의실과 욕실에서는 운동을 하지 않는다.

   이러한 암묵적 규칙은 모든 사람이 기분 좋게 이용할 수 있도록 배려하기 위해 존재한다. 손님끼리 타인을 배려한다는 것은 각자 조금씩 행동을 절제하고 있다는 뜻이기도 하다. 즉 공중목욕탕에서는 누구나 조심스럽게 행동한다. 공동의 장소를 오래도록 유지하려면 이러한 조심스러움이 반드시 필요하다.

   공중목욕탕을 애용했던 시인 다무라 류이치田村 隆一는 이런 시를 썼다.

공중목욕탕이 없어지면 인정도 없어진다.
공중목욕탕을 모르는 아이들에게
집단생활의 규칙과 예의를 가르쳐라.

다무라 류이치가 썼듯이 목욕탕에서 아이들은 집단생활의 규칙과 예의를 배운다. 또 낯선 타인과 공생하려면 어떻게 행동해야 하는지를 몸소 배우는 기회가 된다.

아무것도 아니면서
중요한 것을 하라.

낯선 것들과 공생하려면?

오늘날 '타생지연他生之緣'이라는 말은 죽은 단어일까? 종종 퀴즈 프로그램에 나오는 문제라서 뜻을 아는 사람도 있겠지만 젊은 사람들에게 물어보면 약간의 인연, 즉 옷깃만 스쳐도 약간의 인연이 있다는 식으로 오해한다. 심지어 나이 든 어른들 중에도 의미를 잘못 알고 있는 경우가 꽤 있다.

타생지연은 불교의 윤회전생輪回前生이라는 세계관에서 나온 말로, 낯선 사람끼리 길에서 소매를 스치는 것 같은 사소한 일이라도 모두가 전생의 깊은 인연에 의한 것이라는 의미다.

나는 무척 시사적이고 중요한 세계관이라고 생각한다. 이 말에서 가장 재미있는 점은 윤회전생이 아니라, 인간은 자기가 잘 모르는 법칙에 따라서 삶을 살고 있다는 것이다. 그 법칙이 뭔지는 잘 모르겠지만 타생지연이 아닐까 싶다.

우리는 자신이 잘 모르는 법칙에 의해 살고 있지만, 그 법칙은 눈에 보이지도 않고 현세에 존재하지도 않는다. 그러나 우리는 우리 손에 닿지 않는 것과 함께 살고 있다는 사실만은 알고 있다. 즉 자신이 무엇을 모르는지는 알고 있다는 아주 지성적인 태도가 '타생지연'이라는 말에 잘 나타나 있다.

무엇보다도 그런 인식이 인간으로 하여금 잘 모르는 것 앞에서 겸허한 태도를 취하게 한다는 점이 중요하다. 인간은 무엇이든 알고 있으며, 지금 알지 못하는 것은 노력이 부족해서 해결하지 못했을 뿐 언젠가는 과학의 진보나 혁신이 문제를 해결해 줄 것이라는 세계관은 인간을 교만하게 만든다.

인간이 이 세상을 만든 게 아니라, 세상이 인간을 만들었다고 보는 것이 불교적 세계관이다. 그런데 근대 이후의 세계관은 그와 정반대 방향으로 기울고 있다. 그 결과 합리적으로 설명할 수 없는 경우에는 그것들을 이물질 또는 불필요한 것이라는 범주에 집어넣는다.

내가 이런 이야기를 하는 이유는 미래 시대에서 가장 큰 과제는 '불쾌한 이웃과 공생하는 것'이라고 생각하기 때문이다. 가장 비근한 예로, 앞으로 많은 노인들이 마을에 넘쳐날 것이다. 젊은이들이 볼 때는 노인도 불쾌한 이웃일 수 있다. 또 중산층이 무너지고 부유층과 빈곤층으로 이분화 될 경향이 보인다. 게다가 소득 격차에 따른 차별이 문제가 되고 있다.

소설가 소노 아야코曾野 綾子는 노동 이민을 받아들여 거주 지역을 분리해야 한다고 주장해서 큰 논쟁을 불러일으켰다. 이런 문제를 생각할 때, 예전에 우치다 다쓰루와 주고받은 편지에서 그가 말했던 '불쾌한 이웃과 어떻게 공생할 것인가?'라는 문구를 떠올린다. 그리고 새삼 이 문제를 자신의 문제로 생각하고 싶은 마음이 든다.

예를 들면, 공중목욕탕에서 생각했던 불쾌한 이웃과의 공생이었다. 공중목욕탕의 다른 손님이 불쾌하다는 말은 아니다. 여기서 말하는 '불쾌함'이란 내가 잘 모르는 타인을 지칭한다. 공중목욕탕이라는 공동의 생활 공간에서는 잘 모르는 이웃과 시설을 나눠 쓰는 형태로 공생하는 방법을 자연스럽게 배울 수 있다.

'불쾌한 이웃'이라고 표현했지만, 타인에 대해 '불쾌한'이라는 형용사를 사용하는 것에 근본적인 문제가 내재되어 있다. 불쾌함은 감정에 지나지 않지만 그런 감정을 지님으로써 자신이 잘 모르는 것, 이해할 수 없는 것, 피부색이나 종교, 문화 등 자신과 다른 것들을 모두 '이물질'이라는 범주에 집어넣기 때문이다.

이물질과는 공생할 수 없다. 그렇기 때문에 서로 이용할 수는 있어도 사는 곳, 자는 곳, 생활하는 곳은 구분하는 것이 좋다는 발상에 이르게 된다. 공중목욕탕을 예로 든다면 인종별, 소득별, 남녀별로 각각 다른 공간을 만들어 분리하는 방법일 것이다. 지금도 남녀로 구별하며 사용하지만, 원래 일본의 목욕탕에는 남녀 구별조차 없었다. 그래도 특별한 문제없이 시설을 나눠 쓰며 공생했다. 지금도 지방 온천에 가면 남녀 혼욕인 곳이 많다. 또한 욕조 안에 문신을 새긴 아저씨가 있어도 신경 쓰지 않고 눈을 감은 채 따뜻한 목욕물을 만끽할 수 있다.

도대체 우리는 어떤 세상을 만들려는 것일까?

모르는 것, 이해할 수 없는 것들을 '이물질'로 규정하고 배제하는 행위는 동질적인 것, 서로 잘 아는 것, 이해할 수 있는 것만으로 이루어진 작은 세상에 틀어박히겠다는 뜻이다. 각 집단이 서로를 이물질로 인식한다면 결국에는 적대감밖에 남지 않을 것이다. 그런 행위는 자신과 다른 것을 이물질로 이해하는 것, 자신이 잘 알고 있다는 착각에서 시작된다.

우리는 본인의 의지와는 관계없이 알 수 없는 것들에 둘러싸여 살고 있다. 그 모르는 것을 모르는 채로 받아들이고, 자신의 소유욕과 이기심을 조금씩 양보하면서 함께 살 수는 없을까?

우리는 자신에 대해서조차 잘 모르고, 자신 속에도 이물질이 존재한다는 것을 모르고 살아가는 것 같다.

"AMANOJAKU" NI KANGAERU
Copyright © Katsumi Hirakawa
All rights reserved.

Korean translation rights arranged with Mikasa-Shobo Publishers Co., Ltd., Tokyo
through Japan UNI Agency, Inc., Tokyo and Korea Copyright Center, Inc., Seoul

이 책은 (주)한국저작권센터(KCC)를 통한 저작권자와의 독점계약으로 나무 위의 책에서 출간되었습니다.
저작권법에 의해 한국 내에서 보호를 받는 저작물이므로 무단전재와 복제를 금합니다.

초판 1쇄 펴낸 날 | 2016년 6월 2일

지은이 | 히라카와 가쓰미
옮긴이 | 오시연

펴낸이 | 우수명
펴낸곳 | 나무 위의 책
책임편집 | 이강임
디자인 | 김한희
등록번호 | 제396-2011-000089호
등록일자 | 2011년 5월 24일
등록처 | 경기도 고양시 일산구 장항동 578-15 나동
주　소 | 서울시 강남구 테헤란로 25길 30 4층
편집부 | **전화** 02-538-3959 **팩스** 02-566-7754
NCD몰 | www.ncdmall.com

ISBN 978-89-966702-6-1
■ 책값은 뒤표지에 있습니다.
■ 잘못된 책은 구입하신 서점에서 교환해 드립니다.